L'Art de la Liberté Financière : Guide complet

Au Sommaire

Avant – propos

Cher futur homme et femme libre financièrement, permettez-moi de vous emmener dans un voyage extraordinaire, un voyage qui m'a transformé d'un employé fatigué du système traditionnel en un entrepreneur prospère et indépendant financièrement. Mon nom est Ibrahim Combo, et il fut un temps où je suivais la routine monotone du "métro, boulot, dodo". Mais aujourd'hui, je suis ici pour vous raconter comment j'ai découvert les secrets de la liberté financière et comment vous aussi pouvez réaliser vos rêves les plus audacieux.

Il y a quelques années, j'étais coincé dans un emploi éreintant du secteur de la logistique. Les horaires réguliers et la routine épuisante semblaient être le seul chemin à suivre. Pourtant, un déclic s'est produit, un moment où j'ai compris qu'il existait un autre chemin, une voie vers la liberté financière et la réalisation personnelle. C'est à partir de cette prise de conscience que mon parcours extraordinaire a débuté.

Lorsque le monde a été secoué par le confinement, j'ai perdu mon emploi, et avec lui, une part de sécurité financière. Cependant, l'adversité a été le catalyseur de ma résilience. J'ai saisi l'opportunité de me lancer dans le monde du dropshipping, mais même avec une grande détermination, je me suis heurté à des obstacles insurmontables en raison du manque de compétences et de ressources. Mon premier essai a échoué, mais je savais que cela ne marquait pas la fin de mon voyage vers la liberté financière.

La persévérance a été mon guide alors que je me suis engagé à apprendre et à grandir. En 2021, j'ai pris la décision de me former intensivement et de me concentrer sur la création d'une entreprise lucrative. C'est à ce moment-là que l'idée innovante des blogs en ligne m'est apparue. Je découvris la puissance des liens d'affiliation pour générer des revenus passifs à travers un blog bien construit.

Après seulement un mois de formation intensive, j'ai lancé mon propre blog avec succès. Trois mois plus tard, les premiers fruits de mon dur labeur ont commencé à se manifester sous la forme de revenus d'affiliation réguliers, faisant de ce blog une source d'argent autonome. Mon parcours démontre qu'aucun rêve n'est trop grand et aucune ambition n'est hors de portée, même à partir de zéro.

En mai 2021, j'ai entrepris la création d'un blog encore plus ambitieux dans ma quête de liberté financière. Mon investissement en temps et en énergie a porté ses fruits, générant un revenu net mensuel de 5000 euros d'ici la fin de l'année. L'année 2022 a été une période de libération pour moi. J'ai observé une croissance importante de mes revenus tout en parcourant l'Europe, profitant de la flexibilité de travailler en ligne.

Mon séjour au Royaume-Uni a été un moment décisif, m'ouvrant les yeux sur la portée mondiale de mon activité en ligne. J'ai découvert comment créer diverses sources de revenus en ligne, des revenus qui affluaient même pendant mes heures de sommeil. Cette expérience a renforcé ma conviction que quiconque, peu importe son emplacement géographique, peut réaliser des réussites similaires.

C'est avec cette conviction profonde et une passion ardente pour aider les autres que j'ai décidé de partager mes connaissances. Ce livre, "**L'Art de la Liberté Financière : Guide complet**", est le fruit de mon expérience, de mes succès et de mes échecs. À travers ses pages, je vais vous guider étape par étape pour que vous puissiez embrasser votre propre potentiel et forger votre chemin vers l'indépendance financière.

Ce livre est bien plus qu'un simple guide. Il est une source d'inspiration, un témoignage vivant de la réalité que vous aussi pouvez créer un avenir financier radieux à partir de rien. Alors, plongez-vous dans ces pages avec un esprit ouvert et une détermination inébranlable. Votre voyage vers la liberté financière commence maintenant.

Cordialement,

Ibrahim Combo

Partie A : Liberté financière : un idéal rêvé

La liberté financière est bel et bien un choix comme tous les autres. Nous avons tendance à croire que la liberté financière n'est pas réservée à tout le monde et qu'on ne pourrait pas y accéder ou bien que gagner plus d'argent est une chose très difficile. Mais laissez-moi vous dire que c'est bel et bien un choix que nous prenons chaque jour dès que nous nous levons le matin. Certes, oui c'est un processus long et parfois difficile qui demande beaucoup de temps, d'énergies et de la détermination, mais pas quelque chose d'impossible pour vous. Citez-moi une chose qui est facile dans la vie appart, bien sûr, manger et d'autres petites choses. Avant tout je ne dis pas que tout le monde qui galère financièrement l'a forcément choisi. Non, là n'est pas ma réflexion. Mais tout le monde, je dis bien, mêmes les tops milliardaires qui sont les 100 premières fortunes mondiales, sont tous d'accord sur une chose : ils ne sont pas riches par hasard, ils ont travaillé du jour au jour et sans relâche pour être aussi riche et connu que nous les envions aujourd'hui. Alors d'où nous vient cette idée de la chance ? Vous savez qu'est-ce-que la chance ? A mon humble avis, je pense que la chance c'est la synchronisation entre une opportunité et une préparation suave. La chance est réservée aux personnes qui se sont préparées toute leur vie ; et quand l'opportunité se présente à elles, elles peuvent sauter dessus et décrocher le gros lot parce qu'elles se sont préparées. Alors laissez-moi vous poser une question : êtes-vous réellement préparés pour être financièrement libre ? Avez-vous des idées ? Un plan ?

Des objectifs ? Des procédures ? Des méthodes ? Avez-vous le savoir nécessaire pour être financièrement libre et indépendant ? Il y a deux groupes de personnes dans le monde il y a tout d'abord les 95% de la population planétaire qui ne vont jamais atteindre leurs rêves et objectifs parce qu'ils aiment l'idée de la réussite mais pas le sacrifice que la réussite requiert. Il y a aussi les 5% de personnes qui savent ce qu'ils veulent et qui sont déterminés de faire tout pour réussir. Ils se foutent du jugement des autres, ils sont prêts à se salir les mains pour atteindre leurs objectifs et rêves.

Es-tu prêt à commencer le chemin de la liberté financière ? Alors poursuis la lecture pour y découvrir. Prends note de tout et passes à l'action.

Chapitre 1 : La liberté financière : quels enjeux ?

La liberté financière et l'indépendance financière sont deux notions étroitement liées. Plus qu'un rapport à l'argent, c'est un état d'esprit, une façon de concevoir et de façonner la vie. L'enjeu pour être libre financièrement ne se résume pas à devenir riche ou gagner beaucoup d'argent. Il s'agit de gagner l'argent dont on a besoin pour vivre la vie qui nous inspire, qui nous fait réellement vibrer. Chacun saura définir où il souhaite mettre le curseur en fonction de ses aspirations les plus profondes.

La définition de la liberté financière peut être abordée de deux façons différentes mais complémentaires. Tout d'abord, elle peut être définie comme une manière de bien gérer son budget et de ne plus être dépendant à la semaine près de l'arrivée de son salaire. Autrement dit, la liberté financière, c'est le fait de ne plus avoir à travailler pour payer ses factures. Mais la liberté financière se définit également par le fait de ne dépendre que de soi-même d'un point de vue financier, sans rien attendre d'autrui, sans dépendre de personne. Elle génère ses propres sources de revenus. Dans ce contexte, la personne libre financièrement a un mode de vie bien différent du schéma classique. Elle est libre dans la gestion de son temps. Elle peut partir en voyage quand elle le souhaite, travailler pendant les horaires de son choix... Pour faire simple, elle peut vivre sa vie selon ses envies. Cela demande une certaine rigueur car l'argent ne tombe pas sans efforts, mais avec une bonne organisation et en menant ses affaires avec sérieux, la personne pourra organiser sa vie comme elle l'entend.

Ces définitions de la liberté financière ne signifient pas qu'il faut percevoir un gros salaire pour devenir libre financièrement. Un cadre touchant un revenu important tous les mois n'est pas forcément libre sur le plan financier s'il dépense son argent sans compter. C'est pourquoi le niveau de salaire n'a rien à voir avec l'atteinte de la liberté financière. Savoir dépenser intelligemment est déterminant !

Quelle que soit votre définition, les chemins pour aboutir à la liberté financière se ressemblent quelque peu. Plusieurs raisons poussent à chercher la liberté financière. L'indépendance financière permet de ne pas être dépendant d'une seule source de revenus. Cette source peut être la rémunération que vous donne votre patron ou l'argent de votre conjoint(e). L'essentiel est de pouvoir vivre sa vie, même sans l'un ni l'autre. La seconde raison qui peut pousser à chercher la liberté financière est le fait d'éviter de dépendre de l'État. Ce dernier devient d'ailleurs de plus en plus endetté. Une autre raison pour chercher à être libre financièrement est de pouvoir profiter de la vie sans attendre d'être retraité. La majorité des gens subissent la rat race ou la 'course des rats' en quelque sorte le fameux métro boulot dodo. Cela veut dire que c'est une course après le temps, pour obtenir un meilleur salaire, atteindre un statut social, pour finalement consommer et donc revenir au départ pour gagner un salaire. Quitter cette catégorie de vie et arrêter de travailler pour vivre, c'est également une raison suffisante pour l'indépendance financière. Par ailleurs, si vous désirez vivre une vie plus riche sans grandes contraintes, vous devez chercher à vous affranchir du joug de l'argent. En un mot, être libre financièrement, c'est de s'épanouir en mettant de côté la routine du métro-boulot-dodo. C'est aussi réaliser ses projets sans devoir s'empêcher de savourer les petits plaisirs qu'offre la vie.

La question qu'on se pose justement après avoir parlé de la liberté financière est comment l'obtenir. En effet, pour obtenir la liberté financière, il est important de se débarrasser de ses croyances limitantes. Ne dites jamais : « il n'est pas possible d'y arriver ». Demandez-vous plutôt comment faire pour y arriver. Il faut également demeurer un apprenant permanent. Lisez, apprenez, investissez dans la connaissance. Sachez que l'instruction, l'éducation et l'apprentissage sont les bases de la réussite de tous les grands hommes. Vous devez également avoir la maîtrise de vos chiffres. Vos dépenses, votre budget mensuel doivent faire l'objet d'un suivi rigoureux de votre part. Il vous faudra également investir dans des actifs. Vous devrez donc abandonner l'achat de passifs. En effet, un passif, c'est une acquisition qui ne vous rapporte aucun revenu. Sa valeur se déprécie plutôt au fil du temps. Un actif, c'est tout le contraire. Préférez donc acheter des actifs. Il est recommandé de ne pas mettre tous ses œufs dans le même panier, diversifiez donc vos investissements.

Être exigeant avec soi-même est une habitude commune à tous ceux qui réussissent. Si vous désirez atteindre la liberté financière, vous devez donc être exigeant dans tout ce que vous entreprenez. Soyez rigoureux en permanence.

Pour bâtir son indépendance financière, il existe diverses méthodes. Vous pouvez, par exemple, commencer avec un investissement immobilier lors de vos heures creuses. Pensez à faire des placements offrant une certaine sécurité et un rendement assez compétitif. Faites vos acquisitions en les finançant vous-même. Investissez dans des activités qui vous rapporteront un revenu passif régulier. Misez sur les intérêts composés pour faire croître votre capital.

Le chemin qui mène à la liberté financière n'est pas une ligne droite. Qui que vous soyez, vous pourrez être libre financièrement. Toutefois, le chemin vers l'autonomie financière est plus ou moins long et parsemé d'embûches. Pour arriver à destination, il faut s'armer de détermination et de patience.

La liberté financière ne s'obtient pas du jour au lendemain. C'est une démarche progressive nécessitant des efforts au quotidien. Au début, il est certain que vous aurez un peu du mal avec la gestion de votre budget puisque vous devrez continuer de subvenir à vos besoins. Mais en étant très déterminé, vous parviendrez rapidement à cette liberté tant désirée.

Chapitre 2 : Les divers niveaux de la liberté financière

La liberté financière est un objectif auquel de plus en plus de personnes aspirent. Il est possible de classifier le niveau financier d'une personne et son bien-être économique selon diverses catégories remplissant des caractéristiques bien propres à chaque niveau. Dans cette partie, tu sauras en l'espace d'un court instant à quel niveau est-ce que tu te trouves et donc prendre les mesures nécessaires si tu es désireux de changer de cap dans ta vie afin d'atteindre la liberté financière.

Niveau 1 : La prise de conscience

Le premier niveau de la liberté financière est celui de la prise de conscience. C'est le niveau le plus important pour atteindre la richesse, car sans lui rien n'est possible. Il représente le moment où vous prenez conscience de votre désir d'indépendance financière et du chemin à parcourir pour le concrétiser.

Une fois votre envie d'être libre mise à jour, vous devez commencer par faire le point sur votre situation présente. C'est elle qui détermine le prochain niveau auquel vous pourrez accéder et la nature des objectifs à vous fixer.

Le niveau de la prise de conscience a aussi pour but de déconstruire toutes les croyances et les idées reçues vis-à-vis de l'argent. La plupart des pauvres le restent, car ils sont incapables de se détacher de leurs croyances limitantes et d'avoir un rapport sain à la richesse.

Ils accusent l'argent de toutes sortes de maux tout en jalousant secrètement ceux qui en ont. Avec une telle façon de penser, il est impossible de devenir riche. Pour y parvenir, vous devez pacifier votre relation à lui et la rationaliser. L'argent n'est ni la garantie du bonheur absolu, ni une chose maléfique dont il faut s'éloigner à tout prix. Ce n'est qu'un moyen d'accomplir des choses, rien de plus.

La dernière phase du niveau de la prise de conscience est celle qui consiste à étudier l'état d'esprit nécessaire à la richesse ainsi que les habitudes du succès. Lisez les biographies d'entrepreneurs à succès, intéressez-vous au style de vie de celles et ceux qui réussissent et tirez-en les enseignements à mettre en place dans votre propre vie. Une fois que vous avez pris conscience de là où vous en êtes, de là où voulez aller et de la façon de penser nécessaire pour réussir vous pouvez accéder au niveau suivant.

Niveau 2 : Le mode survie

Le second niveau de l'indépendance financière est celui de la survie. C'est celui dans lequel se trouve une grande partie des salariés, qu'ils souhaitent devenir indépendants ou pas, sans forcément en avoir conscience. C'est ce que l'on appelle communément la Rat Race. Dans ce niveau, "les personnes ne vivent pas, elles survivent". Autrement dit, on l'appelle plus couramment le niveau de l'esclavage moderne !

À ce stade, vous vendez votre temps contre de l'argent. Autrement dit, vous travaillez pour un patron. Vos dépenses ne font pas l'objet d'une planification minutieuse, même si vous tentez de faire attention à votre budget et vous avez tendance à confondre les notions de désir et de besoin. Résultat : votre salaire suffit à peine à couvrir vos besoins essentiels.

Vous payez votre loyer et mettez de la nourriture dans le frigo, mais vous avez bien du mal à joindre les deux bouts. Il n'est pas rare que vous finissiez le mois à découvert. Vous avez même peut-être déjà dû souscrire un crédit pour payer certaines factures.

Vous vivez avec l'angoisse permanente qu'un imprévu vienne rompre ce fragile équilibre. Une panne de voiture, une maladie ou le réfrigérateur qui lâche sont autant de situations qui engendrent des dépenses auxquelles vous ne pouvez faire face. Il n'est pas non plus question pour vous de pouvoir épargner chaque mois.

Si vous ne sortez pas rapidement de ce niveau, vous risquez de tomber dans l'un des pièges de la Rat Race qui consiste à prendre un second emploi pour gagner plus d'argent en pensant que cela va suffire à résoudre vos problèmes financiers. Comme vos déboires viennent avant tout d'une mauvaise gestion, cela ne changera pas le fond des choses, mais votre santé risque d'en pâtir fortement.

Pour passer au niveau suivant, vous devez commencer par remettre à plat vos finances en éliminant les dépenses inutiles et en débutant votre éducation financière. Vous devez comprendre la dynamique de l'enrichissement et vous formez sur les différents moyens de la mettre en œuvre dont l'investissement fait partie.

Niveau 3 : La stabilité financière

Le niveau de la liberté financière suivant est celui de la stabilité. Vous êtes encore loin d'être riche, mais vous retrouvez un peu d'oxygène. Vous avez réussi à éliminer de votre vie les dépenses totalement superflues, comme votre abonnement à Netflix, le remplacement de votre smartphone tous les ans ou cet abonnement à la salle de gym dans laquelle vous n'avez jamais le temps de mettre les pieds.

Votre salaire suffit maintenant à couvrir vos besoins. Votre banquier a cessé de vous harceler d'appels depuis que vous n'êtes plus systématiquement à découvert. À ce stade, vous ne pouvez pas encore épargner, mais vous comprenez l'intérêt et l'importance de le faire. Vous avez acquis une certaine culture financière et savez dans quoi, vous allez investir votre argent lorsque vous le pourrez.

Comme un malade en rémission, votre santé financière n'est pas encore totalement solide, mais vous êtes sur la bonne voie. Vous ne devez pas relâcher vos efforts sous peine de reculer au niveau précédent.

Votre prochain objectif est d'atteindre la sécurité financière. Pour cela, faites un nouveau tour de ménage dans vos dépenses. Supprimez celles qui ne sont pas absolument vitales, à savoir toutes celles qui ne sont pas en rapport avec :

- Le loyer,
- La santé,
- Les assurances obligatoires,
- L'approvisionnement en énergie,
- L'alimentation.

Si ces postes de débours sont incontournables, il est souvent possible de faire baisser la facture. Penchez-vous attentivement sur chacun de vos contrats et faites jouer la concurrence pour obtenir un rabais. Changez de fournisseur au besoin.

Réévaluez vos besoins pour faire correspondre votre train de vie à leur réalité. Par exemple, si un abonnement à Internet est indispensable, vous n'avez sans doute pas besoin de la plus haute qualité de fibre optique, sauf si vous êtes informaticien. De même, vivre dans 50 m² est sans doute un luxe dont vous pouvez aisément vous passer si vous êtes célibataire et sans enfants.

Avec une politique de gestion drastique de votre budget, vous allez enfin pouvoir mettre de l'argent de côté. Si vous n'êtes pas endetté, vous devez épargner 30 % de votre revenu chaque mois en mettant en place un virement automatique. Dans le cas contraire, épargnez 10 % de votre salaire et consacrez les 20 % restants à rembourser vos dettes. Cela demande une certaine rigueur et quelques sacrifices, mais souvenez-vous que l'objectif visé en vaut la peine. Une fois votre épargne constituée, vous voilà prêt à passer au stade suivant.

Niveau 4 : La sécurité financière

Le quatrième niveau de la liberté financière est le niveau de la sécurité. Idéalement, même ceux qui n'ont pas l'ambition d'être riches devraient se donner pour objectif de l'atteindre. À ce stade, les découverts, les factures impayées et les fins de mois difficiles ne sont plus que de mauvais souvenirs.

À force d'efforts et de vigilance, vous êtes parvenu à vous constituer une épargne de précaution pour palier à un éventuel coup dur. Le montant minimum pour que ce coussin de protection soit efficace doit correspondre à 3 mois de votre salaire net. Vous êtes même parvenu à aller plus loin et à rassembler un capital supplémentaire. Vous êtes encore dépendant de votre travail, mais plus pour longtemps, car vous allez bientôt engranger d'autres types de revenus.

Le stade de la sécurité financière est un stade plutôt agréable pour qui a connu la survie, car il permet de se sentir à l'abri du besoin. Il ne permet pas de mener grand train, mais procure un certain confort. Si vous voulez vraiment devenir indépendant financièrement, ne vous laissez pas endormir par cette facilité de vie. Ne vous arrêtez pas en si bon chemin sur la voie de la richesse.

Il est à présent temps de commencer à réaliser vos premiers investissements pour obtenir vos premiers revenus passifs. Leur nature dépend du montant de votre épargne et du niveau de risque que vous pouvez vous permettre de prendre. À titre d'exemple, l'immobilier est une valeur sûre dont le rendement est moins élevé que celui de la Bourse, mais dont le risque de perte de capital est bien moindre.

N'investissez que sur ce que vous connaissez et faites-vous aider par un conseiller indépendant au besoin. Gardez à l'esprit que les placements risqués ne doivent constituer qu'une part mineure de votre budget et méfiez-vous des opportunités exotiques comme les forêts ou les pierres précieuses qui pullulent sur la toile. Si vous réinvestissez systématiquement vos bénéfices et que vous développez votre patrimoine, vous arriverez au niveau suivant.

Niveau 5 : La transition

La transition représente le cinquième niveau de la liberté financière. Vos investissements ont bien progressé et vous percevez à présent des rentes régulières. Vous vous intéressez également aux autres moyens de gagner de l'argent sans vendre votre temps. Vous développez un, ou plusieurs business en parallèle et vous commencez à pouvoir envisager d'arrêter de travailler plus tôt que prévu.

Une fois encore, l'erreur à ne pas commettre est de se laisser aller à la facilité en profitant du train de vie que cette période charnière permet d'avoir. Ne relâchez surtout pas votre discipline budgétaire sous peine de retomber au bas de l'échelle assez lourdement.

L'heure est venue de faire vos calculs pour déterminer le niveau de revenus dont vous avez besoin pour quitter votre emploi. Pour davantage de sécurité, augmentez ce chiffre de 20 %. Pensez aussi à vous diversifier pour éviter de vous retrouver en difficulté si l'une de vos sources de revenus vous faisait défaut.

Lorsque vous vous sentez prêt, faites un test pour vérifier que votre système est réellement viable. Durant un mois, placez la totalité de votre salaire sur un compte d'épargne et tentez de vivre uniquement de vos autres sources de revenus. Si l'essai est concluant, renouvelez-le d'un mois sur l'autre.

Niveau 6 : Liberté financière

Si vous êtes arrivé à ce stade, vous avez ENFIN atteint le niveau tant espéré : celui de la liberté financière ! Vous êtes enfin libéré de la nécessité de travailler et parvenez à subvenir vous-même à vos besoins. Votre portefeuille d'investissement vous procure des rentes mensuelles suffisantes pour ne plus vous inquiéter de vos factures.

Si vous avez créé votre propre entreprise, elle a suffisamment grandi pour tourner sans nécessiter votre présence constante. Vous avez réussi à déléguer les tâches qui peuvent l'être et à fédérer une équipe forte qui avance maintenant à vos côtés.

Vous avez gagné quelque chose de bien plus précieux que l'argent : du temps libre à partager avec ceux que vous aimez. Profitez de ces moments privilégiés bien mérités, sans pour autant vous endormir sur vos lauriers. Ne cessez jamais d'apprendre et de développer votre portefeuille d'actif sous peine de finir par régresser.

Niveau 7 : L'abondance financière

L'ultime niveau de la liberté financière est celui de l'abondance. L'argent attire l'argent. À ce stade, vous avez appris à réinvestir intelligemment vos bénéfices et votre patrimoine ne cesse de croître. Vous avez suffisamment de revenus passifs pour subvenir à vos besoins tout en achetant une grande quantité d'actifs.

Vous êtes définitivement à l'abri du besoin et vous pouvez même vous permettre d'aider vos proches ou de faire des dons à des associations caritatives. Soyez reconnaissant pour cet argent reçu, redistribuez-en une partie à ceux qui sont dans le besoin et continuez de gérer votre fortune avec sagesse.

Les divers niveaux de la liberté financière évoqués dans cette partie forment la pyramide de la richesse. Plus on se rapproche du sommet, moins les personnes au même niveau sont nombreuses. Les premiers étages sont les plus ardus à gravir. Une fois le niveau de la sécurité financière atteint, votre ascension sera de plus en plus rapide. Ne cherchez pas à brûler les étapes, gardez une motivation à toute épreuve et soyez tenace. Le succès réside avant tout dans l'action. Chaque geste posé et chaque euro gagné comptent. Vous seul pouvez prendre la décision de commencer à grimper vers le sommet. À vous de faire le bon choix !

Chapitre 3 : Les règles de la liberté financière

Tout le monde rêve d'indépendance, de liberté financière et d'avoir une vie plus épanouie. C'est tout à fait réalisable, quel que soit le niveau de revenus. Néanmoins, le rêver ne suffit pas. Il existe quelques règles qui sont listées ci-dessous et qui sont à respecter si l'on souhaite atteindre la liberté financière.

Règle N°1 : Il y a un prix à payer.

Règle N°2 : Il y a du temps à investir.

Règle N°3 : Il est nécessaire d'être patient.

Règle N°4 : Il y a des graines à semer.

Règle N°5 : Il y a une éducation à acquérir et de nouvelles aptitudes à développer.

Règle N°6 : Il y a un processus et une stratégie à appliquer.

Règle N°7 : Il y a des principes et une éthique à obéir et respecter.

Règle N°8 : Pas de risque = Pas de gain.

Règle N°9 : Ceux qui quittent ne gagnent jamais et les gagnants ne quittent jamais.

Règle N°10 : La route du succès est pour les personnes qui ont la foi.

Règle N°11 : La pauvreté est un risque. La richesse est un risque.

Règle N°12 : Plus on analyse, plus on paralyse.

Règle N°13 : La liberté financière n'est pas de la chance, c'est un CHOIX.

Règle N°14 : Votre destinée est entre vos mains.

Règle N°15 : Savoir dire merci quand il le faut...

La liberté financière est possible si et seulement si vous SUIVEZ LES RÈGLES !

Chapitre 4 : Les piliers de la liberté financière

« Comment puis-je garnir mon porte-monnaie si je n'investis pas mon argent, si je n'ai pas assez d'expérience dans ce domaine ? Est-ce qu'il existe une manière d'augmenter la taille de mon patrimoine ? » voici les questions qui reviennent sans cesse lorsqu'il s'agit de gagner de l'argent ! Néanmoins très peu de personnes connaissent les piliers fondamentaux de la Liberté Financière, sans lesquelles tu ne pourras pas devenir Libre et Riche.

Pilier 1 : Etat d'Esprit

Un des plus grands défauts du système éducatif (pour ne pas dire le plus grand) est le manque d'éducation financière, en effet, nombre sont les matières que l'on étudie à l'école mais qui malheureusement ne nous serviront jamais dans notre vie.

Savoir gérer son argent est sans aucun doute la matière la plus importante qui nous concerne à tous et ce durant les 365 jours de l'année. En effet, une personne sans éducation financière pourra gagner autant d'argent qu'elle voudra, si elle ne sait pas le gérer, elle finira par tout perdre ! Nombreux sont les exemples de superstars d'Hollywood qui ont fini ruinés après avoir amassé des sommes folles. Il suffit de faire un tour sur internet pour se rendre compte que les chiffres sont élevés. Voilà pourquoi ton attitude, ton état d'esprit jouera un rôle fondamental dans ta quête à la liberté financière et si tu as tendance à dépenser inutilement ton argent, un bon conseil change d'attitude. Ce premier pilier constitue un des éléments basiques de la liberté financière, il l'est aussi pour l'abondance. La richesse se définit comme la capacité d'une personne à survivre, à faire face à ses dépenses durant un certain nombre de jours, de mois, d'années avec l'argent qu'elle dispose sans travailler et sans changer ses habitudes de consommation.

D'autre part, beaucoup de personnes pour ne pas dire la majorité, pensent que la seule manière de gagner de l'argent c'est par le biais d'un emploi. Avoir un travail n'est pas mauvais en soit, mais il ne doit pas être l'unique source de revenu dont la personne dispose, au risque de se voir prise au piège de la rat race et le fameux métro, boulot, dodo très destructeur.

Le troisième aspect qui peut tout changer et qui sera déterminant dans ta quête à la liberté financière, c'est la mentalité, la « relation » que tu entretiens vis-à-vis de l'argent et cette manière de penser déterminera le but que tu voudras et que tu pourras atteindre, car tu détermineras toi-même tes propres limites.

Maintenant que tu as les clefs pour adopter la mentalité adéquate, il est temps de passer à l'action ! Tu as la volonté et l'ouverture d'esprit pour commencer à t'enrichir mais tu n'as pas l'argent nécessaire, il est donc temps de passer au second pilier de l'indépendance financière !

Pilier 2 : Epargne

Lorsque tu fais le choix d'investir ton argent, tu devras commencer par une étape importante qui est l'épargne. Cette phase indispensable aussi pour mettre de l'argent de côté et assurer tes arrières. Toujours est-il que tu dois te souvenir de ce conseil : Paie-toi en priorité et réserve au moins 10% de tes revenus à l'épargne ! 10% n'est pas un gros pourcentage !

Faire ses comptes, contrôler ses frais et ses dépenses, savoir gérer son budget, devrait faire partie de ton quotidien ! Paradoxalement, la plupart des personnes savent combien elles gagnent mais ne savent pas combien elles dépensent ! Tu as beau avoir la meilleure attaque du monde, si tu ne sais pas te défendre tu perdras. Il en est de même avec l'argent. Si tu ne sais pas comment épargner ou défendre ton patrimoine, tu le perdras ! Il te faut donc savoir équilibrer tes finances personnelles ainsi que les revenus et les frais pour avancer dans tes objectifs. En épargnant une partie de tes revenus, tu disposes d'une réserve avec laquelle tu peux avoir une marge de manœuvre plus élevée notamment pour faire face aux imprévus d'un côté et pour améliorer ta situation financière de l'autre. Maintenant que tu connais l'importance de gérer tes comptes, il t'est tout à fait normal d'investir cet argent afin qu'il prospère ce qui est une très bonne initiative ! Mais attention ! Avant-même d'investir, que ce soit dans l'immobilier, en bourse ou n'importe quelle autre option, tu devras connaître un concept extrêmement important sans lequel tu finiras par perdre toutes tes économies. Voici le troisième pilier de la liberté financière !

Pilier 3 : Actifs/Passifs

Pour atteindre la liberté financière, il est indispensable que tu connaisses certaines notions de finances. La plus basique étant de connaître la différence entre un actif et un passif.

1°) Un actif c'est tout simplement un bien qui te fait gagner de l'argent.

2°) Un passif, quant à lui est un bien qui t'en fait perdre.

Ainsi, un actif génère des revenus passifs étant donné que tu n'as pas besoin de faire d'efforts pour en récolter les bénéfices, alors que ton emploi lui, te génère un revenu actif puisque si tu ne travailles pas, tu ne perçois rien. Actuellement, la majorité des personnes, du moins celles qui n'ont pas d'éducation financière possèdent seulement des passifs qui leur font perdre de l'argent. Le problème des passifs est que très souvent, ce sont des achats qui plaisent, que l'on a besoin ou du moins que l'on pense avoir besoin, par exemple une maison, une voiture, le dernier téléphone ou encore un voyage et avec le travail on souhaite s'offrir ces petits plaisirs. De ce fait avec le salaire issu de notre emploi on paie les frais, on achète des passifs et l'argent s'échappe ce qui nous rend dépendant de notre travail. Bienvenus dans la Rat Race ! Une personne qui sait bien équilibrer ses actifs et passifs, est une personne riche car elle achète en premier des actifs qui génèrent des revenus passifs comme par exemple les loyers d'une maison qu'elle possède pour pouvoir faire face aux frais de la vie courante et les contrebalancer. En théorie c'est relativement simple ; pour pouvoir atteindre la liberté financière, j'ai besoin d'obtenir des revenus passifs dont le montant généré est supérieur à mes frais et ces revenus passifs je les obtiens en ayant des actifs. Grosso modo, ma colonne d'actifs doit être plus remplie que la colonne des passifs. En revanche, si je veux augmenter mes dépenses et améliorer ainsi mon style de vie, je dois d'abord accroître ma marge brute d'autofinancement par le moyen d'actifs afin de maintenir ce niveau de richesse et compenser les frais extras générés par l'acquisition de passifs.

Souviens-toi seulement de cette simple observation :

- Le riche achète des actifs.
- La classe moyenne achète des passifs en pensant que ce sont des actifs.
- Le pauvre n'achète que des passifs, il n'a que des frais.

Pilier 4 : Investir

Pour atteindre la liberté financière, la clé est : Investir ! Ce qui va t'ouvrir les portes aux revenus passifs et te permettre d'atteindre tes objectifs. Maintenant que tu connais les concepts d'actifs et passifs tu peux commencer à investir intelligemment ! En prenant compte du caractère temporaire d'un investissement, celui-ci peut s'effectuer à court, moyen ou encore à long terme. De plus, et en fonction du risque qu'il entraîne, la rente peut être fixe ou variable. On parle de rente fixe, lorsqu'on connaît par avance la rentabilité d'un investissement (ex : obligation, compte d'épargne) et de rente variable lorsqu'au contraire, on ne connait pas par avance la rentabilité puisqu'elle peut varier (ex : bourse).

Généralement, plus le risque est grand, plus la rentabilité l'est aussi ; de même qu'un risque faible dans le cas d'une rente fixe, engendrera des bénéfices moindres.

Chapitre 5 : Richesse vs Liberté financière

Si beaucoup aspirent à la liberté financière, très peu y accèdent. Il s'avère donc important de redéfinir ce terme. La liberté financière consiste à vivre et satisfaire ses besoins sans pour autant dépendre d'un salaire. Si vous êtes libre financièrement, vous n'êtes plus tenu d'exercer une profession ou d'avoir un emploi pour mener la vie de vos rêves. Les personnes libres financièrement génèrent des revenus passifs, gagnent de l'argent grâce à des investissements ou gèrent leurs revenus efficacement. Cependant qu'en est-il de la richesse ?

La richesse est la valeur de l'ensemble des biens détenus (patrimoine) par un agent économique (ménage, individu, nation, etc.) pouvant être soit produite par un revenu ou une plus-value2, soit acquise par un legs ou une donation. Un individu, communauté ou pays qui possède une abondance de biens et d'actifs possédés est couramment défini comme « riche ». A l'opposé lorsqu'un individu possède peu de biens ou d'actifs on parle de pauvreté, notamment lorsque cette situation ne lui permet pas de vivre dignement.

Les formes de richesse

La richesse financière ou matérielle n'est pas la seule forme de richesse. Quand on parle de richesse ou quand on parle de capital, on pense souvent à un capital financier, des sommes d'argent ou des biens. Or, il existe bien d'autres formes de richesse, pas moins importantes (voire plus) qui devraient être prises en compte.

Voici d'autres formes de richesse à considérer :

- **Richesse financière**

C'est la forme de richesse avec laquelle nous sommes le plus familier aujourd'hui. Ce sont des sommes d'argent avec lesquels nous pouvons faire facilement de l'échange de biens ou de service, etc. Son avantage est de faciliter l'échange entre humains mais son inconvénient est qu'il peut facilement primer au détriment des autres formes de capital.

- **Richesse matérielle**

Issu des matières premières de notre planète, ce sont toutes les matières et les objets physiques non vivants, tels que les métaux, minéraux, matériaux en bois, combustibles fossiles, plastiques, produits électroniques et d'autres technologies, infrastructures, bâtiments, etc.

- **Richesse intellectuelle**

Ce sont, le savoir, les idées, les concepts, etc. Même s'il s'agit de quelque chose de plus abstrait que le matériel et l'argent, il est possible de le cumuler, enrichir et le partager. La richesse intellectuelle a une importance inestimable. Tout au long de notre vie nous sommes guidés par un savoir transmis ou acquis. Pari ailleurs, le concept présenté dans cet article est aussi une forme de richesse intellectuelle et il vous sera peut-être utile dans vos projets !

- **Richesse expérientielle**

C'est l'expérience que nous développons par nous-même. C'est aussi une forme de savoir mais plutôt un savoir-faire, incarné et construit à partir de l'expérience personnelle. Comme la richesse expérientielle, nous nous y s'appuyons dessus pour réaliser toutes nos activités ou prendre nos décisions.

- **Richesse vivante (ou Naturelle)**

Avec la richesse sociale, spirituelle et culturelle ce type de richesse fait partie des 4 capitaux nourriciers.

La richesse vivante comprend la terre, l'eau, les animaux, les plantes, la santé des humains et de tous les autres organismes, les différents écosystèmes (dont l'humain fait aussi partie).

- **Richesse sociale**

Ce sont les liens, les relations et les influences. C'est un ensemble de « réseau » qui est plus ou moins riche. Nous pouvons le nourrir, le développer, le maintenir tel qu'il est où le négliger. L'importance de la richesse sociale se manifeste au niveau de notre vie personnel mais il est aussi important pour n'importe quel projet ou activité professionnelle. En effet, la force de l'humain est de pouvoir coopérer ensemble pour arriver à un but. Une richesse sociale qui est constamment nourri facilite tout ce que vous souhaitez faire. Si je développe des liens avec mon environnement j'assure une forme de résilience aussi.

- **Richesse spirituelle**

C'est la richesse de la spiritualité : la capacité à se sentir en lien avec quelque chose de plus grand. C'est une forme de conscience ou une expérience intérieure qui se manifeste parfois comme un karma, une foi ou une forme de présence.

- **Richesse culturelle**

Histoires, mythes, chansons et l'art sont des exemples des manifestations de la richesse culturelle. Ce sont des expériences partagées par un groupe de personnes. Ils sont par ailleurs le résultat des multiples échanges (échanges inter-capitaux, qui concernent l'ensemble des formes de capital) réalisés auprès d'une communauté ou une région.

L'utilité de ces formes de Richesse

Il existe différentes façons d'utiliser le concept des 8 formes richesse. Lorsque vous avez un projet que vous souhaitez réaliser, vous pouvez par exemple définir vos objectifs sous chacune des 8 formes de richesse. Ainsi vous définissez 8 objectifs différents, chacun traite l'une des formes de richesse. S'il s'agit d'un projet professionnel, une nouvelle activité, d'une entreprise, ou d'un collectif qui se crée, il est fort intéressant de définir et formuler vos objectifs avec les 8 formes. Cela vous permet de prendre en compte l'ensemble des aspects de votre projet et de ne négliger aucun. En effet, en fonction des personnes, il existe souvent une tendance à se focaliser sur un aspect ou un autre.

Par exemple, certaines personnes ou groupes de personnes pourraient se focaliser uniquement sur l'aspect financier. Ou l'inverse, ils pourraient ignorer l'importance de l'aspect financier. Cela est souvent compromettant dans le monde d'aujourd'hui où une certaine richesse financière peut être utile pour avancer. La richesse expérientielle, intellectuelle et sociale sont fort importants pour qu'un projet se construit et dure dans le temps. La richesse culturelle, spirituelle et vivante doivent être donc préservés, développé et régénérés car elles se situent à la base de notre civilisation.

Doit-on être riche pour être heureux ?

Les riches le sont-ils depuis leur naissance ou le sont-ils devenus ? On n'a même pas encore 24 ans, et bien qu'il y ait déjà quelques personnes de nos âges de très riches (certains sportifs, Mark Zuckerberg, le créateur de Facebook), je suis persuadé que la plupart des riches de 50 ans ne l'étaient pas plus que nous à 24.

Par contre, ce qui a pu les amener à devenir riche, c'est de réussir à saisir les opportunités qu'ils se sont créées au cours de leur vie. Et quelle meilleure manière de se créer des opportunités que de vivre pleinement sa vie ? En sortant, en voyageant, en parlant, je rencontre des gens, dont certains vont, consciemment ou non, volontairement ou non, influencer mes choix de vie et peut-être me donner des idées ou des envies qui vont m'amener à la réussite professionnelle, et, par voie de conséquence, à l'enrichissement. Ce qui est sûr, c'est que rester affalé devant TF1 ne remplira pas mon compte en banque. Et remplir des grilles de loto non plus.

Je me rappelle d'une citation que j'ai lu sur plusieurs blogs de finances personnelles : « Fake it until you make it », de je ne sais pas qui. « Faire semblant jusqu'à que ça se réalise », en quelque sorte. Autrement dit, agir comme un riche, même si on ne l'est pas, et dans le même temps, travailler à le devenir. Pour poursuivre sur l'exemple du début de ce développement, si je pars en voyage pratiquement sans un sou en poche, j'aurai l'obligation, pour survivre, manger, dormir, de trouver un moyen, sur place, de gagner de l'argent. Si, au fond, je n'ai pas besoin de cet argent, pourquoi j'irai m'embêter à le gagner à la sueur de mon front ? Le loto, c'est donc la solution des déjà riches (dans le sens de ceux dont les besoins primaires sont déjà pris en charges) pour devenir encore plus riche.

Sauf que, dans le cas d'un départ à l'étranger sans un sous en poche, on joue sans filet. Et la chute peut être dure. Car s'il y a bien une chose que la richesse apporte, c'est le confort psychologique de se dire qu'en cas de problème, l'argent peut le régler. L'argent apporte une certaine liberté d'esprit et de pensée, puisqu'on s'est libéré de la contrainte d'en trouver. L'argent étant obligatoire pour se loger, se nourrir et s'habiller, celui qui n'en a pas aura constamment en tête le besoin d'en trouver, et ne s'éclatera peut-être pas autant que celui qui peut dépenser sans avoir peur de se retrouver sans rien. Certaines personnes arrivent tout de même à se détacher de l'importance de l'argent, et c'est ce que l'on devrait tous réussir à faire.

Alors oui, l'argent est un des facteurs du bonheur. Un facteur indirect bien sûr, puisqu'avoir un compte en banque rempli de 0 ne fera pas de moi une personne heureuse. C'est la façon dont j'utiliserai cet argent, qui m'apportera ou non le bonheur.

Ce qu'on doit savoir sur l'argent

- L'argent ne fait pas le bonheur

On dit souvent que l'argent ne fait pas le bonheur mais on est en droit de se demander pourquoi l'argent ne fait pas le bonheur. En effet, à première vue, il paraît évident que l'argent peut rendre heureux et faire le bonheur de celui qui en possède. Alors pourquoi l'argent ne fait pas le bonheur ?

L'expression l'argent ne fait pas le bonheur signifie qu'il ne suffit pas d'être riche pour être heureux. Le bonheur se trouve ailleurs. En effet, même si l'argent permet d'acheter tout ce que l'on veut, d'attirer des (faux) amis autour de soi, cela ne suffira pas à rendre quelqu'un heureux sur le long terme. Ce n'est pas l'argent en soi qui permet d'être heureux. Ainsi, on peut trouver des gens riches qui sont malheureux ou encore des personnes pauvres qui sont-elles heureuses.

À l'origine, l'argent n'a pas été inventé pour rendre les gens riches ou pauvres, pour rendre les gens heureux ou encore leur apporter du bonheur. L'argent est un moyen d'échange qui a vu le jour pour combler les problèmes rencontrés avec le système de troc qui existait jusqu'alors. Il est intéressant de se rappeler pourquoi l'argent a été inventé pour comprendre à quoi il sert et pourquoi ce n'est pas un élément indispensable au bonheur.

Il est vrai que l'argent peut contribuer à de nombreuses inégalités. Cependant l'argent à un rôle et des avantages indéniables à partir du moment où l'on souhaite vivre en communauté. L'argent permet la plupart du temps de subvenir aux besoins de base (manger, boire, se loger, se soigner...), il permet également de s'offrir des produits ou des services superflus pour passer du bon temps. En revanche l'argent n'est pas indispensable pour les besoins plus spirituels nécessaires à l'atteinte du bonheur.

- **L'argent ne fait pas le bonheur mais il y contribue**

L'argent ne fait peut-être pas le bonheur mais il sert de bonne base au bonheur. En effet avoir de l'argent et même beaucoup d'argent permet de s'éviter bien des soucis. L'argent permet d'avoir un toit. Il permet aussi de se nourrir ou encore de se soigner. Avoir de l'argent permet également de faire les choix que l'on souhaite. L'argent permet ainsi d'avoir une certaine liberté. Liberté qui est une bonne base au bonheur. On peut également penser que les personnes riches, celles qui ont de l'argent, placent l'argent avant tout autre chose et font tout pour être de plus en plus riche. Cela est parfois vrai mais c'est aussi parfois faux. Ainsi l'argent en soi ne rend pas forcément heureux mais l'usage qu'on en fait peut lui contribuer à nous rendre heureux.

L'important est de ne pas souhaiter avoir toujours plus d'argent. En effet cela ne rend au final pas heureux. Il est important de faire le point sur sa situation sur le rôle qu'on attribue à l'argent et de ce que cet argent va pouvoir nous apporter ou non.

- L'argent fait beaucoup parler

Si l'argent ne fait peut-être pas le bonheur, dans tous les cas il fait beaucoup parler. En effet chacun a son propre avis sur l'argent, sur les personnes riches et les personnes pauvres. Nombreux sont aussi les avis sur ce qu'est le bonheur et comment l'atteindre. Ainsi on trouvera toujours des exemples et des contre exemples pour voir que l'expression l'argent ne fait pas le bonheur peut être parfois vraie et parfois fausse. Chacun aura sa vision de la chose. L'important est de tout faire pour atteindre ses propres objectifs personnels.

- Les erreurs à éviter avec l'argent

Bien gérer ses revenus est une des clés de la prospérité et de l'abondance financière. Pour ne pas voir s'envoler bêtement votre salaire durement gagné ou le fruit de vos économies, vous devez absolument connaître les erreurs à éviter avec son argent. Ne faites donc pas les choses suivantes et votre compte en banque vous remerciera.

a. Tout dépenser au lieu d'épargner

La première des choses à ne pas faire avec votre argent, c'est le dépenser sans vous constituer d'épargne. Cette attitude pourrait vous causer de nombreux soucis en cas de coup dur ou de perte temporaire de revenu. On distingue deux types d'épargne : l'épargne de précaution et celle destinée à l'investissement. Le rôle de l'épargne de précaution est de vous permettre de faire face sereinement aux accidents de parcours qui peuvent survenir. Maladie, accident, perte d'emploi, voiture en panne, autant de situations dans lesquelles ce petit matelas financier vous sera utile pour rebondir. L'épargne de précaution idéale est égale à trois mois de votre salaire, le minimum étant trois mois de loyer. Elle doit être placée sur un support garanti et disponible en permanence. Il faut, évidemment, la reconstituer en priorité lorsque vous en dépensez une partie.

Une fois votre épargne de précaution constituée, vous pouvez investir le reste afin de le faire fructifier et de dégager un revenu complémentaire grâce aux intérêts et autres dividendes. Réinvestis, ils feront rapidement augmenter votre capital de départ. Quelle que soit la somme que vous pouvez épargner, il est important de vous y tenir chaque mois dès le versement de votre salaire.

b. Investir votre argent dans un domaine que vous ne connaissez pas

Il est normal, et même sain, de chercher à investir votre argent pour le faire fructifier. Mais en matière de placement, les fausses bonnes idées et les arnaques sont nombreuses. La prudence est donc de mise. Méfiez-vous des offres qui ont l'air trop belles pour être vraies en promettant une rentabilité record pour une mise minimale. Les options binaires, par exemple, dont certains sites internet vantent les mérites, sont un très mauvais produit. Le risque de perdre votre capital est très élevé et de nombreux sites étant à l'étranger vous n'avez aucune garantie de pouvoir retirer vos gains.

Même pour des investissements plus classiques, comme la Bourse, la prudence s'impose. Vous devez d'abord apprendre à connaître votre marché pour en comprendre les opportunités et les pièges potentiels. Au besoin, faites-vous aider d'un expert du domaine, surtout, ne vous lancez jamais tête baissée.

c. Ne pas diversifier vos placements

Étudier soigneusement le domaine dans lequel vous souhaitez investir et vous faire aider au besoin, c'est bien. Mais même les placements les plus sécurisés ne peuvent être totalement garantis. Si vous placez toute votre épargne dans le même secteur et qu'un aléa survient, vous vous exposez à être brutalement privé de l'argent qu'elle vous rapportait.

Si vous placez toute votre épargne dans le même secteur et qu'un aléa survient, vous vous exposez à être brutalement privé de l'argent qu'elle vous rapportait. Pour prévenir les coups du sort et les fluctuations des marchés, la diversification doit rester le maître-mot. Ainsi, si l'une de vos sources de revenus se trouve amoindrie, les autres vous permettront de ne pas vous retrouver démuni durant le temps nécessaire au rétablissement de l'équilibre. Les possibilités de placement fiables sont nombreuses. Afin de connaître les opportunités les plus adaptées à votre capital et à votre profil, faire le point avec un conseiller financier peut être utile. Une chose est sûre : mettre tous vos œufs dans le même panier est une chose à ne pas faire avec votre argent.

d. Acheter des passifs à crédit : la chose à ne surtout pas faire avec votre argent

Pour l'équilibre de vos finances, vous devez absolument connaître les notions d'actifs et de passifs. Un actif est quelque chose qui permet de générer un rendement. C'est le cas des placements, par exemple. Une assurance-vie, un bien immobilier ou des actions en Bourse sont des actifs. Il est important d'utiliser votre argent pour en acquérir. A contrario, les passifs sont des biens qui génèrent des dépenses, mais aucun revenu. Une télévision, un ordinateur, un smartphone ou une voiture sont des passifs.

Pour votre santé financière, il est important de détenir des actifs et d'acheter aussi peu de passifs que possible, car l'argent que vous leur consacrez serait bien mieux utilisé ailleurs. Une chose à ne surtout pas faire avec votre argent : achetez des passifs à crédit. S'ils pèsent déjà lourd dans votre budget lorsqu'ils sont payés comptant, vous endetter pour les acquérir peut rompre votre équilibre financier. Vous devrez vous acquitter chaque mois des mensualités augmentées des intérêts pour des objets qu'il vous faudra, de plus, entretenir.

Gardez donc votre épargne pour investir et réduisez vos dépenses superflues au strict minimum. Méfiez-vous des faux actifs : être propriétaire de sa résidence principale revient bel et bien à acheter un passif. Même s'il s'agit d'un bien immobilier, vous aurez à régler de nombreuses charges et il ne vous rapportera rien.

e. Dépenser votre argent avant de l'avoir gagné

Dans notre société de consommation, les facilités de paiement sont devenues nombreuses. Des découverts autorisés aux paiements en plusieurs fois sans frais, dépenser l'argent que l'on n'a pas encore n'a jamais été aussi simple. La tentation d'utiliser cette promesse d'argent est d'autant plus grande qu'on se rassure en se disant que la paie qui arrive bientôt viendra combler le découvert.

Le problème, c'est qu'au cours du mois suivant vous risquez d'avoir besoin de cet argent et d'utiliser à nouveau votre autorisation de découvert. C'est un véritable cercle vicieux qui s'enclenche et se reproduit d'un mois sur l'autre. Seule solution pour éviter d'être pris dans cet engrenage : ne dépensez que l'argent que vous avez sur votre compte courant.

f. Jouer aux jeux de hasard

Que ce soit en, ou hors ligne, l'offre de jeux de hasard n'a cessé de croître ces dernières années. Tous promettent des gains potentiels mirobolants pouvant atteindre des dizaines de millions d'euro. Si de telles sommes peuvent faire rêver, avant de céder à la tentation, prenez un instant pour réfléchir. Quelles sont les probabilités de gagner à de tels jeux ? Elle est très faible, et même si vous gagnez, votre gain sera-t-il à la hauteur de votre mise ?

Les casinos et les paris sportifs sont tous aussi dangereux pour votre budget. Oubliez tout de suite les méthodes miracles pour gagner à la roulette et autres martingales : elles sont toutes connues des établissements de jeu et aucune ne fonctionne. Si certains parieurs affirment qu'ils arrivent à en vivre et à avoir un retour sur investissement positif, gardez à l'esprit qu'il ne s'agit que d'une infime minorité dont il y a peu de chances que vous fassiez partie.

Pensez également à toutes les sommes qu'ils ont probablement perdu avant d'arriver à dégager des gains. Les seules personnes qui s'enrichissent grâce aux jeux d'argent sont les dirigeants de la Française des jeux, les casinotiers et les bookmakers. Si vous ne voulez pas vous appauvrir, jouer fait partie des choses à ne pas faire avec votre argent.

Partie B : Comment atteindre la liberté financière ?

La route vers la liberté financière n'est pas facile. Elle exigera de vous une certaine discipline. Pour atteindre l'indépendance financière, plusieurs habitudes sont à prendre.

Le Jour où j'ai Créé mon Premier Business

Je me souviens encore avec une clarté cristalline du jour où j'ai osé franchir le pas et créer mon premier business. C'était une idée qui avait germé dans mon esprit depuis un moment, mais je me sentais loin d'être sûr de moi. Les doutes tourbillonnaient dans ma tête, les incertitudes m'assaillaient et la confiance me manquait. Pourtant, quelque chose en moi m'a poussé à agir malgré tout.

Le début n'a pas été facile. Je me suis trouvé face à de nombreux obstacles, certains que j'avais anticipés et d'autres qui semblaient surgir de nulle part. Les premiers jours, les premières semaines, et même les premiers mois étaient remplis de défis. Je me rappelle avoir travaillé sans relâche, investissant des heures interminables pour mettre en place les fondations de mon entreprise. Les nuits se confondaient avec les jours alors que je m'efforçais de tout mettre en place.

Je me suis heurté à des portes closes, essuyé des refus et ressenti le poids des responsabilités. Les ventes en gros semblaient hors d'atteinte, et chaque petit pas en avant semblait être suivi de deux pas en arrière. Les moments de doute étaient intenses, mais je savais que je devais persévérer.

La Persévérance face à l'Adversité

Pourtant, au milieu de toutes ces difficultés, je me suis accroché. J'ai puisé dans ma détermination intérieure, dans cette étincelle qui m'avait poussé à démarrer ce voyage vers la liberté financière. Les histoires de réussite que j'avais entendues auparavant ont commencé à résonner en moi. Des gens qui avaient galéré, qui avaient connu l'échec à maintes reprises, mais qui n'avaient jamais abandonné. Leurs histoires m'ont servi de phare dans l'obscurité, me rappelant que les victoires ne viennent souvent qu'après avoir traversé les épreuves.

Le Premier Paiement - Un Tournant Mémorable

Puis, un jour, tout a changé. Je me souviens du moment où j'ai reçu mon premier paiement. La somme qui était entrée dans mon compte n'était peut-être pas colossale, mais elle représentait tellement plus que de l'argent. C'était la preuve tangible que mes efforts commençaient enfin à porter leurs fruits. Un sentiment d'accomplissement m'a envahi, suivi d'une vague d'excitation pour ce qui allait suivre.

Ce premier paiement a marqué un tournant dans mon parcours vers la liberté financière. Il a renforcé ma conviction que persévérer dans l'adversité, même lorsque les débuts sont incertains, peut mener à des résultats tangibles. Chaque défi surmonté, chaque pas en avant pris avec résolution, m'ont rapproché de mes objectifs.

Ce que j'ai appris de cette expérience, c'est que le chemin vers la liberté financière est rarement une ligne droite sans embûches. C'est un voyage de découvertes, de croissance personnelle et de détermination inébranlable. Cela nécessite de prendre des risques calculés, de surmonter les peurs et de continuer à avancer malgré les difficultés.

Alors que je me remémore cette époque, je réalise que cette aventure marquait le début de ma quête pour la liberté financière. Chaque étape, chaque succès et même chaque échec ultérieur ont contribué à façonner la personne que je suis devenue. À travers cette histoire, j'espère que vous pouvez trouver de l'inspiration pour votre propre voyage vers la liberté financière, sachant que chaque action que vous entreprenez vous rapproche un peu plus de vos aspirations.

Chapitre 1 : Le code secret : A.G.I.R

Le processus efficace, puissant et simple pour devenir libre financièrement se résume à : A.G.I.R. Il vous permettra d'avoir les idées claires pour passer à l'action, mais surtout de devenir libre financièrement en moins de dix années, si vous fournissez les efforts nécessaires, bien évidemment. Mais tout d'abord arrêtez de rêver si vous voulez devenir libre financièrement. Beaucoup de personnes ont des rêves et c'est légitime, mais ceux qui deviennent riches ont des objectifs. Beaucoup de personnes ne réaliseront jamais leurs rêves car elles n'ont aucun objectif et ne se focaliseront sur aucun processus. Si vous pédalez vite sans savoir où vous allez, vous n'irez nulle part. Par contre, le fait d'avoir un plan et de savoir où vous allez vous permettra d'avancer beaucoup plus vite. Vous devez juste éviter de tomber dans le piège de l'argent facile car cela n'existe pas.

Que donc retenir du code secret ?

A.G.I.R, c'est :

❖ **A** pour **Apprendre** : la première étape consiste à se former auprès des meilleurs et à développer des compétences pointues et solides. Beaucoup trop de personnes négligent l'investissement dans la formation. Pourtant, c'est l'investissement le plus rentable et le plus puissant qui soit. De l'avis de nombreux millionnaires et milliardaires, l'investissement en soi est celui qui a le rendement le plus élevé. Autrement dit, si vous investissez 1 euro dans votre savoir, vous pouvez en retirer des dizaines d'euros.

❖ **G** pour **Gagner** : la deuxième étape se focalise sur le fait de gagner. Sans argent, pas de liberté financière possible. Un préalable consiste donc à bien gérer son épargne. Il est d'abord important de gagner beaucoup plus d'argent, mais il faut commencer par les fondamentaux. Si vous gagnez beaucoup plus d'argent, mais en le dépensant n'importe comment, vous n'attendrez jamais votre liberté financière. Il faut donc démarrer sur de bonnes bases.

❖ **I** pour **Investir** : la troisième étape insiste sur l'investissement. On ne devient pas millionnaire ou financièrement indépendant uniquement grâce à son job. Une personne qui ne peut pas gagner plus de 2 000 € par mois et qui épargne 4 000 € par an, ce qui est déjà excellent, ne pourra mettre de côté que 120 000 € en 30 années de travail. C'est insuffisant pour assurer ses vieux jours. En revanche, s'il investit dans de bonnes opportunités, la liberté financière est assurée.

❖ **R** pour **Retraite** : Repos ou encore Rêves. Il s'agit de profiter pleinement de la vie et de réaliser ses passions – choisir de vous reposer et de vivre la vie de vos rêves ou travailler encore plus dur.

1. Time is money

« Le temps, c'est de l'argent », traduction de l'expression anglaise Time is money et boutade présente dans l'œuvre de Benjamin Franklin, signifie que pour faire des profits, il faut savoir bien utiliser son temps.

L'argent est généralement considéré comme l'un des aspects les plus importants de la vie. Cependant, la plupart d'entre nous ont tendance à ignorer un autre paramètre très important qui ajoute de la valeur à la vie : le "TEMPS". Vous devez consacrer du temps de manière judicieuse afin de réaliser les diverses aspirations que vous pouvez avoir dans votre vie, telles que voyager, étudier à l'étranger, obtenir le travail de vos rêves, etc. Si vous commencez à considérer que perdre du temps équivaut à perdre de l'argent, vous vous rendrez compte de la valeur que vous pouvez tirer de ce paramètre vital.

Raisons pour lesquelles "le temps, c'est de l'argent".

Il n'y a guère de personne qui n'ait pas entendu la célèbre citation "le temps, c'est de l'argent" dans sa vie. On nous dit toujours que le temps est précieux et que la façon dont nous le dépensons détermine notre avenir, mais connaissons-nous la raison de cette affirmation ?

Le concept "temps égal argent"

Le concept du temps égal à l'argent est assez simple, il signifie que ceux qui possèdent de l'argent possèdent le temps des autres. Par exemple, en tant qu'employés, nous acceptons d'offrir notre travail et notre temps en échange d'argent. Nous offrons notre temps, et en retour, nous gagnons une certaine somme d'argent. Temps égal argent signifie que l'argent économisé est du temps économisé, l'argent gagné est du temps gagné et l'argent perdu est du temps gaspillé. La somme d'argent que vous avez dans votre poche sous forme d'épargne représente le temps que vous avez travaillé et la valeur marchande de votre temps.

En écoutant l'importance du temps et le fait que le temps c'est de l'argent si souvent, nous avons tendance à investir notre temps en essayant de gagner toujours plus d'argent. Et dans ce processus, nous laissons de côté nos proches, mais nous sommes désorientés parce que le temps de qualité que vous passez avec les personnes qui vous sont chères, à la maison et au travail, ne se traduit pas en dollars. Pourtant, il vous procure mille fois plus de bonheur que celui que vous obtiendrez en gagnant de l'argent.

Tout n'est pas dénombrable, pesable, mesurable ou traduisible en argent. En fin de compte, votre vie ne se mesure pas en dollars dépensés ou économisés, mais en années bien dépensées.

Importance et valeur du temps

Le temps une fois passé ne peut être ramené par aucun moyen et il est important de comprendre la valeur du temps. Le temps est de l'argent. Il y a un proverbe qui dit : "Le temps et la marée n'attendent personne".

Le temps est inestimable. En fait, le temps est plus précieux que l'argent. Le temps est très précieux, en partie parce que nous ne disposons que d'une certaine quantité de temps dans notre vie, et nous devons donc nous assurer que nous l'utilisons à bon escient. Rien ne peut arrêter le flux du temps. Le temps passé ne peut être ramené en arrière par aucun moyen.

Cependant, certaines personnes ne réalisent pas la valeur du temps et le dépensent de manière imprudente. Au lieu de se concentrer sur les tâches importantes à accomplir, elles perdent leur temps, pensant qu'elles rattraperont la perte à l'avenir. Elles devraient se rendre compte que bon nombre des ennuis futurs peuvent être évités en prenant des mesures rapides en temps utile. Le célèbre proverbe "un point à temps en vaut neuf" souligne également l'importance de régler les problèmes à un stade précoce.

L'importance de la gestion du temps pour le succès : La gestion du temps reste toujours le facteur critique de réussite. Si quelqu'un gâche son enfance, il ne sera pas en mesure d'acquérir et de construire son caractère à l'avenir et en subira toutes les conséquences. De même, si un étudiant néglige ses études au jour le jour, aucun travail acharné avant l'examen ne lui permettra de réussir. La gestion du temps est une bonne habitude et jette les bases d'un succès futur.

Ponctualité et respect des délais : Une personne qui comprend l'importance du temps pratique la ponctualité dans la vie. Une personne ponctuelle, qui utilise son temps avec précaution, réussit dans la vie. Si nous regardons autour de nous, nous verrons que les personnes qui ont réussi dans toutes les sphères de la vie ont fait bon usage de chaque moment de leur temps. Les nations les plus prospères sont aussi celles qui ne perdent pas un instant.

Une personne qui n'est pas ponctuelle a du mal à accomplir ses propres tâches. S'il n'est pas en mesure d'accomplir ses devoirs, il risque d'encourir le mécontentement des autres. Dans le domaine militaire, un retard de quelques minutes peut changer le destin d'une nation.

Courtoisie : Être à l'heure, et savoir quelle heure il est, garantit que nous n'arriverons pas en retard à nos rendez-vous. C'est très important si nous voulons traiter les autres avec politesse et respect. Leur temps est précieux, tout comme le nôtre, et nous ne devons pas leur faire perdre leur temps.

L'avenir est imprévisible : Il est vrai que personne ne peut prévoir l'avenir avec précision. Il y a beaucoup de choses qui échappent au contrôle des êtres humains. L'économie et la situation financière des pays évoluent rapidement.

Bien que l'avenir soit imprévisible, l'homme peut travailler dur aujourd'hui pour augmenter la probabilité d'un avenir meilleur. Les gens devraient utiliser leur temps correctement. Nous devrions faire de notre mieux pour éviter l'habitude de l'indolence et commencer à faire notre travail à temps. Cela éclaircira sûrement notre avenir.

Valeur du temps dans les situations d'urgence :

Les conditions météorologiques restent toujours incertaines. Le risque de calamités naturelles demeure. Pour faire face à ces catastrophes naturelles, le gouvernement et d'autres organisations mettent en place des "plans de gestion et de rétablissement en cas de catastrophe". En cas d'urgence, les équipes chargées de la reprise après sinistre doivent agir rapidement, sans perdre une seule minute.

La valeur monétaire du temps

La "valeur monétaire du temps" désigne la quantité d'argent que nous pouvons gagner en un temps donner. Elle peut également désigner la valeur monétaire subjective que nous accordons à notre temps. Ces deux notions ne sont pas forcément équivalentes. La valeur monétaire du temps peut être fixée par un employeur. Elle peut aussi être fixée par un autre individu.

Un proverbe courant est utilisé pour exprimer cette idée. Il s'agit de : le temps, c'est de l'argent.

Raisons pour lesquelles le temps a une valeur monétaire.

Nous échangeons souvent de l'argent pour obtenir plus de temps. Nous échangeons souvent notre temps contre de l'argent (par exemple, lorsque nous sommes au travail). Plus nous travaillons efficacement, plus nous pouvons gagner de l'argent. Les intérêts sur notre épargne ne s'accumulent qu'avec le temps.

Sur le marché boursier, la valeur des actions peut augmenter ou diminuer en très peu de temps.

De nombreux emplois sont payés à l'heure ou à l'année, ce qui confère une valeur monétaire claire au temps.

Lorsque nous achetons une montre ou une autre pièce d'horlogerie, on peut dire que nous attribuons une valeur monétaire à la capacité de lire l'heure.

Temps riche et temps pauvre

Voici les principales raisons qui font que nous sommes pauvres de temps :

1 – Nous privilégions l'argent.

2 – Le temps libre = le « temps confetti » (perdu dans les nouvelles technologies)

3 – Nous sur-engageons notre temps futur (parce que l'on croit que l'on aura plus de temps dans le futur que maintenant)

Par ailleurs, les éléments du temps riche sont :

– Donner la priorité au temps plutôt qu'à l'argent

– Consacrer 30 minutes par jour (activement) à la socialisation, au bénévolat ou à l'exercice physique

– Payer pour externaliser les tâches mal-aimées

– Garder le temps de faire une to do list quotidienne

Elle propose aussi, contre le temps pauvre, de savourer délibérément les expériences quotidiennes et de planifier le temps aussi soigneusement que l'argent.

Faire en sorte que les secondes comptent

Le temps est une ressource finie et précieuse, et la façon dont nous valorisons notre temps peut influencer de manière critique le bonheur. Combien vaut vraiment notre temps ? Des recherches récentes suggèrent que les personnes possèdent une « valeur temps » interne qui détermine les compromis qu'elles font entre temps et argent. En effet, la valeur que les individus accordent à leur temps conditionne les grandes décisions de leur vie, telles que celle de choisir une carrière plus rémunératrice qui exige de plus longues heures de travail [...] Les personnes qui accordent de l'importance au temps plutôt qu'à l'argent font preuve d'une plus grande propension à favoriser les liens sociaux.

En fait, les gens tirent le plus grand bonheur des décisions quotidiennes lorsque ces décisions correspondent à leur personnalité. Par exemple, des recherches suggèrent que les personnes introverties sont plus heureuses quand elles achètent des livres que de dépenser de l'argent dans les bars. Ainsi, donner la priorité à l'argent plus que le temps n'est peut-être pas intrinsèquement préjudiciable, mais notre bonheur dépendra probablement de la « correspondance » entre nos valeurs et comportements sous-jacents. Lorsque la valorisation du temps conduit à une mentalité axée sur d'autres, elle peut favoriser le bien-être. En revanche, lorsque la valorisation du temps conduit à une mentalité centrée sur soi, elle peut nuire au bien-être. Les recherches futures devraient chercher à comprendre les facteurs individuels et culturels qui déterminent à la fois la façon dont nous en venons à valoriser notre temps et la manière dont la valeur que nous accordons à notre temps façonne le bonheur.

Gestion efficace du temps

D'aucuns diront que le temps est un concept... Ceci est plus que probable ! Toutefois, dans nos contrées, il faut bien faire avec, notamment au travail... Comment mieux gérer son temps afin d'être plus efficace, plus productif, mais aussi plus serein ? Vous vous sentez surmené ? Vous sortez parfois du bureau tard, voire très tard ? Vous avez l'impression que vos journées ne sont faites que de soucis à régler, de problèmes à résoudre, de tensions, de stress ? Peut-être est-il intéressant de vous pencher sur votre gestion du temps et mettre en place quelques principes simples, mais efficaces afin de faire à nouveau rimer efficacité avec sérénité !

Pourquoi mieux gérer son temps au travail ?

Dans nos vies bien remplies et ultra connectées, chaque jour, chaque heure, chaque minute est désormais comptée, décortiquée, comptabilisée, facturée... Mieux vaut donc passer maître dans l'art de la gestion du temps si vous ne voulez pas perdre le contrôle.

Celui qui serait tenté de ne pas en tenir compte se verrait bien vite rattrapé par l'horloge, le calendrier ou encore un agenda rempli de multiples rappels à l'ordre... Car s'il est tentant et délicieux d'oublier un peu le concept de temps pendant les vacances, il en est bien autrement dans la vie professionnelle où tous les protagonistes courent après des délais de plus en plus serrés.

Les avantages à savoir maîtriser son temps ont de multiples impacts et sont nombreux :

- Gagner en efficacité et en productivité : un travail mieux structuré, des temps de pause, une vision plus éclairée des tâches et échéances, etc.
- Se dégager du temps libre : que ce soit pour être mieux à l'écoute de vos collaborateurs, vous formez ou bien simplement pour souffler et prendre l'air.
- Se libérer d'une dose de stress : un esprit libéré du poids des incertitudes, une charge mentale diminuée.

Comment mieux gérer son temps ?

Il n'existe pas de recette miracle en matière de gestion du temps. Comme pour tout sportif de haut niveau, tout repose sur le fait de savoir gérer ses efforts intelligemment. Un minimum d'organisation et de rigueur est ainsi de mise, tout comme une bonne dose de bon sens !

Gestion du temps : principes de base

1. Être organisé

Courir après mille lièvres à la fois ne fera pas de vous une personne plus efficace ou productive. Ce n'est pas parce que vous aurez un emploi du temps surchargé que vous serez davantage productif. Les pertes de temps ne sont pas toujours là où on les attend.

Par exemple, chercher un dossier important au milieu de papiers et autres documents en vrac sur votre bureau alors que toute votre équipe vous attend pour une revue pourrait bien nuire à la productivité de toute votre équipe.

Ainsi, planifier vos tâches correctement, veiller à ce que votre travail soit structuré efficacement et votre bureau rangé de façon ergonomique et logique pour vous est une première étape vers une gestion fine du temps.

2. Organisez votre travail de manière optimale : consultez notre rubrique dédiée !

3. Se fixer des objectifs personnels

Savoir où l'on va. Voici un autre pilier en matière de gestion du temps. Les objectifs permettent d'avancer tout en maintenant le cap fixé. Ils offrent cet avantage de pouvoir aisément et précisément savoir où on en est et ce qu'il reste à accomplir, d'autant plus s'ils sont S.M.A.R.T. - Simples, Mesurables, Acceptables, Réalistes et Temporellement définis.

Vous pouvez ainsi vous fixer des objectifs hebdomadaires, mensuels ou même quotidiens afin d'articuler plus adéquatement le temps à votre disposition.

Pour davantage d'efficacité, fixez-vous des objectifs SMART !

4. Définir ses priorités

Prioriser permet de gérer son temps de manière plus efficace et effective, mais aussi de développer son intelligence émotionnelle en apprenant à utiliser son stress à bon escient plutôt qu'à se laisser submerger par ce dernier.

De nombreuses méthodes sont à votre disposition pour clarifier vos priorités et ainsi gagner en efficacité. Les grandes lignes restent toutefois similaires :

- Identifier les tâches à accomplir,
- Analyser le degré d'urgence et d'importance,
- Agir adéquatement,
- Faire un point régulier.
- Apprenez à mieux gérer vos priorités en hiérarchisant vos tâches

5. Ne plus procrastiner

Remettre à plus tard quelque chose que l'on peut faire sur le moment est un réel frein à l'action qui peut avoir des conséquences non négligeables en termes de productivité et de respect des délais, par exemple. C'est également une source de tensions, de démotivation, de frustration et concourt finalement à alourdir la charge mentale.

Ainsi, si procrastiner est parfois inévitable, cela fait toutefois partie de ces mauvaises habitudes dont il est préférable de se délester. Cessez de remettre à plus tard pour davantage d'efficacité !

6. Savoir dire non

Être à même d'exprimer un refus est une compétence clé. Non seulement cela permet de s'affirmer et se faire respecter, mais cela évite également de se laisser submerger par des tâches qui ne nous incombent pas ou pourraient être déléguées. Apprenez comment dire non de manière efficace.

7. Augmenter sa capacité de concentration

Savoir se concentrer permet de faire basculer son cerveau en mode "travail". Être pleinement à ce que l'on fait est un gage d'efficacité. Savoir se concentrer permet d'évacuer momentanément les soucis et autres tracas, faire abstraction des bruits et distractions environnantes pour s'ancrer totalement dans le moment présent et ainsi gagner en productivité. Améliorez votre concentration au travail

8. Prendre des pauses

Un individu n'étant pas en capacité de rester concentré efficacement pendant des journées entières, prendre le temps de faire une pause, prendre l'air, respirer est tout sauf contre-productif. Bien au contraire, les pauses permettent de diminuer le stress et oxygéner le cerveau.

Meilleur méthodes et outil de gestion du temps

Le challenge en la matière est de faire preuve de constance dans sa démarche. Car comme pour un régime alimentaire, un écart en entraîne un autre jusqu'à retomber dans la situation initiale.

Il existe de nombreuses techniques et outils pour parvenir à ses fins. Le plus difficile est peut-être de choisir quelles méthodes mettre en place et s'y tenir. Nous avons sélectionné quelques méthodes qui ont fait leurs preuves. Libre à vous de vous les approprier - ou non - et d'en faire le meilleur usage possible !

Méthode GTD

Voici une approche globale de gestion du temps : le Getting Things Done - ou l'art de faire en sorte que les choses se fassent - qui s'articule autour de 5 actions :

- Collecter : identifier les tâches à accomplir,
- Traiter : analyser la nécessité d'action,
- Organiser : orchestrer selon le degré d'importance, d'urgence,
- Réviser : suivre l'état d'avancement,
- Agir en fonction des options précédemment retenues.

Si la première étape qui consiste à établir la liste des tâches à accomplir peut paraître fastidieuse, cet outil vous permettra toutefois de gagner un temps précieux, tant dans votre vie professionnelle que votre vie personnelle.

Il est essentiel de faire autant de bien que possible au cours d'une vie. Une personne qui comprend l'importance du temps travaille de manière efficace. Plus nous agissons efficacement, plus il nous restera de temps pour des projets futurs. Si nous regardons les événements importants de l'histoire, nous verrons que toutes les personnes qui ont réussi dans l'histoire ont fait le meilleur usage du temps. Les personnes prospères du monde entier sont très conscientes de la valeur du temps. Par conséquent, nous ne devrions jamais perdre notre temps et essayer d'en faire le meilleur usage possible.

2. Mieux gérer l'argent gagné

L'acquisition de la liberté financière commence par la bonne gestion de votre budget mensuel. Si vous ne souhaitez pas vous retrouver dans une situation financière compliquée, il faut penser à entrevoir vos consommations de manière rationnelle. Pour ce faire, évitez de compter sur votre salaire du mois prochain. Vous devrez ajuster vos dépenses en fonction de l'argent que vous avez en main pour le moment présent. Ainsi, vous ne serez pas tenté de contracter des dettes. Il existe plusieurs astuces vous permettant d'alléger vos dépenses. Par exemple, vous pourrez recourir aux achats d'occasion qui vous feront économiser des sommes considérables. Budgétiser vos dépenses du mois à venir vous aidera également. Il faut déterminer en amont le coût total de vos charges principales (eau, électricité, loyer, différents types d'abonnements...). Ensuite, considérez cette somme comme intouchable à chaque fois que vous recevez votre paie. Quand vous aurez déduit les charges principales de votre salaire, vous pourrez utiliser la part restante pour vos besoins secondaires (loisirs, vacances...).

Comment gérer son argent ?

Savoir bien gérer son argent n'est pas inné : ça s'apprend. Et être dans une bonne situation financière ne se résume pas à toucher un bon salaire. Pour bien gérer vos finances, vous aurez besoin de mettre en place un bon système d'épargne et d'investissement, et des stratégies qui vous aideront à réaliser vos projets.

Mais pas de panique : pas besoin d'être un génie des mathématiques pour bien gérer son argent.

Il s'agit surtout de créer de bonnes habitudes et de poser des bases solides pour votre santé financière. Et aussi et surtout d'apprendre à changer votre façon de penser et dépenser. Vous avez tendance à trop souvent frôler le découvert ou à ne pas réussir à mettre de côté autant que vous le voudriez ?

Découvrez dans cette partie nos meilleurs conseils pour améliorer votre situation financière et apprendre à bien gérer votre argent.

- **Évitez les crédits**

Avoir des crédits, ce n'est ni plus ni moins que devoir de l'argent à quelqu'un. Et si les films vous ont appris quelque chose, ça devrait être de ne jamais devoir de l'argent à quelqu'un.

Et on peut facilement se dire qu'un petit crédit ne fera pas vraiment de mal. Mais c'est toujours comme ça que ça commence. Et on ne se rend souvent pas compte de tout ce que s'endetter implique. Déjà, vous finissez par payer ce que vous avez acheté beaucoup plus cher que son coût initial. Vous pouvez dire merci aux intérêts, qui rendent encore plus coûteux un achat que vous ne pouviez déjà pas vous permettre de faire à la base.

Mais prendre un crédit, c'est aussi vous rendre extrêmement vulnérable à n'importe quel imprévu de la vie (une voiture à remplacer, une perte d'emploi ou incapacité de travailler, des réparations coûteuses...).

Si vous choisissez de prendre un crédit plutôt que de payer cash, c'est probablement que vous n'êtes déjà pas en mesure de vous payer l'objet ou l'expérience en temps normal. Ce qui veut dire qu'en cas de n'importe quelle urgence financière, les conséquences pourraient vraiment être désastreuses. Car si vous n'êtes pas en mesure de rembourser vos crédits à temps, vous foncez tête baissée vers une catastrophe financière.

Bien sûr, certains crédits, comme des crédits immobiliers ou certains prêts étudiants peuvent valoir le coup. Notamment car ils ont pour objectif de vous rapporter au final plus que ce que vous n'avez payé. Mais tous les crédits à la consommation et autres prêts personnels sont à éviter à tout prix.

- **Remboursez vos crédits existants**

Rembourser vos crédits en anticipé est souvent une très bonne décision pour vos finances. L'avantage, c'est que vous ne payerez pas tous les intérêts que vous auriez eu à payer si vous aviez gardé votre crédit jusqu'à son terme. À côté de la construction d'un fonds d'urgence (qu'on verra un peu plus loin dans cet article), rembourser vos crédits à la consommation devrait être votre objectif numéro 1 dans la gestion de votre argent.

- **Tenez un budget**

Tenir un budget mensuel est une étape importante à prendre en compte quand on apprend à gérer son argent. Comment savoir où part votre argent tous les mois sans budget ? Comment savoir dans quoi essayer de moins dépenser sans savoir dans quoi vous dépensez le plus ?

Et les budgets ne sont pas réservés à ceux qui ne savent pas gérer leur argent. Le budget n'est ni plus ni moins qu'un plan selon lequel vous allez dépenser votre argent. Il vous donne une vue d'ensemble des revenus que vous touchez et de la façon dont vous les dépensez. Déjà, rien que le fait de voir quelles dépenses vous faites et dans quelles catégories change la donne. Cela peut vous aider à vous rendre compte de leur importance, ou à détecter des problèmes ou des mauvaises habitudes.

Mais aussi, oubliez l'idée que le budget a pour objectif de vous priver. C'est en réalité tout l'inverse : le budget vous aide à dépenser votre argent dans ce qui compte le plus pour vous en vous apprenant à prioriser. C'est vous qui prenez le contrôle de vos dépenses, plutôt que de laisser vos dépenses vous contrôler. Vous pouvez créer votre budget vous-même sous tableur si vous en avez envie (même si c'est loin d'être la solution la plus pratique, sauf si vous êtes la reine des tableaux Excel).

Mais il existe aujourd'hui plein d'applications de budget qui permettent d'organiser vos finances bien plus facilement.

Les meilleurs logiciels pour faire ses comptes

Si gérer son budget peut parfois sembler laborieux, il existe des dizaines de logiciels pour faire ses comptes qui ont pour seul objectif de vous faciliter la tâche. Car au final, tenir un budget mensuel consiste avant tout à mettre en place une stratégie pour pouvoir pour financer les rêves et objectifs qui vous tiennent le plus à cœur. Quoi de plus motivant ? Les logiciels de budgétisation peuvent vous aider à maîtriser les bases de la finance, à gérer votre argent de manière plus efficace et même à atteindre bien plus rapidement vos objectifs financiers à long terme.

Nous vous présentons brièvement une sélection des meilleurs logiciels pour faire ses comptes et gérer ses finances personnelles, que vous souhaitiez suivre votre budget sur votre ordinateur ou directement depuis votre smartphone.

a. Bankin'

Application mobile gratuite très populaire en France, Bankin' a pour mission de faire de la gestion de l'argent une tâche simple et accessible à tous. Parmi ses nombreuses fonctionnalités, cette app au design moderne offre de nombreuses possibilités de gestion de vos finances personnelles : Faire ses comptes ; Catégoriser ses dépenses ; Prévoir facilement son solde prévisionnel à la fin du mois ; Suivre son épargne et faire des virements entre ses comptes ou à un tiers.

Bankin' peut se synchroniser avec votre compte en banque pour automatiser chacune de ces tâches et ainsi vous permettre de gérer votre argent rapidement et en toute transparence.

b. Linxo

Fondée par deux français, la promesse de l'application de budget Linxo est simple : transformer la façon dont vous faites vos comptes & gérez votre épargne en véritable moment de plaisir ! Classée dans le top 5 des meilleurs logiciels pour faire ses comptes, Linxo aborde un design minimaliste et rend le suivi budgétaire simple et automatique à travers des graphiques clairs qui savent aller à l'essentiel. Idéal pour tout ceux qui ont pour objectif d'éviter de se prendre la tête... Linxo vous permet de suivre dans une seule et même interface tous vos comptes. L'application est gratuite, mais il existe également une version payante avec quelques fonctionnalités un peu plus premium. Mais si vous débutez dans la gestion de votre budget, la version gratuite peut largement suffire. Autre avantage important : l'application mobile, disponible sur Android et iOS, vous permet d'accéder à vos soldes à tout moment — mais une version web et desktop reste disponible pour les adeptes du grand écran. C'est une fonctionnalité que j'apprécie tout particulièrement, car même si l'application mobile est essentielle pour gérer ses dépenses au quotidien, avoir une vue un peu plus large de ses finances pour une analyse mensuelle par exemple reste très important à mon sens.

c. Youneedabudget.com (YNAB)

Logiciel de gestion de finances personnelles que j'affectionne tout particulièrement pour gérer mes comptes persos, YNAB (acronyme de You Need a Budget) est bien plus qu'une application pour bien gérer son budget. C'est une véritable philosophie. La version actuelle de YNAB intègre de nombreuses fonctionnalités qui en font un outil extrêmement complet pour traiter tout ce qui est lié de près ou de loin à vos finances personnelles. Faire des comptes, budgétiser son argent, tracker ses achats et dépenses, suivi de l'évolution de votre capital, création d'objectifs d'épargne... tout y passe ! Conçue spécialement pour les débutants en matière de budgétisation, toutes ces fonctionnalités n'en font pas pour autant une application complexe à utiliser. Elle reste au contraire idéale pour ceux qui souhaitent tout juste se lancer. Pour ceux qui sont peu confortables avec la langue de Shakespeare, le seul inconvénient est que la plateforme n'est pas actuellement entièrement traduite en français. Il existe cependant une extension de navigateur (appelée Toolkit for YNAB que vous pouvez installer en cliquant sur ce lien) qui vous permet de traduire l'interface à 49%.

Vous avez aussi la possibilité de créer et nommer vos propres catégories en français si vous le souhaitez. Autre force de cet outil : YNAB propose de nombreux articles de blog ainsi que des webinars pour vous aider à prendre la plateforme en main et à découvrir tous ses secrets... L'application est actuellement proposée au prix de

$6.99/mois, ce qui reste dans la fourchette moyenne des autres logiciels pour faire ses comptes.

d. Budgea

Autre solution de gestion automatisée de budget, Budgea vous offre la possibilité de regrouper en une seule et même interface le suivi de vos soldes, de votre capital mais aussi de vos factures. Comme la plupart des agrégateurs de comptes externes, Budgea vous permet de de répertorier vos dépenses dans les catégories de votre choix afin de refléter le plus fidèlement possible vos habitudes de consommation.

Leur API permet de se connecter aux sites internet de plus de 200 établissement bancaire en toute sécurité pour offrir une synchronisation automatique de vos opérations bancaires.

Petit bonus : Budgea permet aussi un suivi de vos dépenses professionnelles.

• **Construisez une épargne de précaution**

Dans les conseils les plus populaires pour bien gérer son argent, on recommande souvent de "se payer en premier". C'est-à-dire de mettre de l'argent de côté pour vos objectifs d'épargne et votre sécurité financière avant de dépenser votre argent. Et l'une des catégories dans lesquelles il est essentiel de mettre de côté en priorité, c'est votre épargne de précaution. L'épargne de précaution, ce n'est ni plus ni moins qu'une épargne de sécurité qui est là pour vous protéger en cas d'imprévu et d'urgence financière.

Comme la perte d'un emploi ou une incapacité de travailler, des réparations coûteuses et imprévues, ou n'importe quel changement de vie qui peut nuire à votre stabilité financière.

Et la question n'est pas de savoir si votre frigo ou votre voiture va tomber en panne – mais quand. Car des imprévus financiers arriveront forcément à un moment ou à un autre. Avoir de l'argent de côté en cas d'urgence vous aidera à mieux dormir la nuit en sachant que vous serez protégé en cas de pépin. Et la sérénité de savoir que vous pouvez faire face à n'importe quelle urgence sans problème n'a pas de prix. Il a d'ailleurs été montré que l'épargne de précaution a un effet significatif sur notre bonheur. Bien plus que de dépenser dans un manteau en soldes.

Avoir un fonds d'urgence vous aidera aussi à éviter d'avoir à souscrire à des crédits pour vous en sortir, et donc rendre une situation déjà difficile encore pire.

- **Définissez vos objectifs financiers**

Pour bien gérer son argent, l'un des principaux conseils à retenir, c'est de définir ses objectifs financiers. Car le but de mettre de l'argent de côté, ce n'est pas d'avoir le plus gros montant possible sur son compte en banque.

Ou de se baigner dans une piscine remplie de pièces d'or (sauf si vous êtes Donald Duck). C'est d'utiliser votre argent pour ce qui compte le plus pour vous, et contribuer à votre liberté financière.

Avoir des objectifs clairs vous donnera une vision à long terme de vos finances, et vous permettra de comprendre en quoi mettre de côté maintenant vous aidera plus tard. Et avoir un objectif clair peut vous garder motivé et vous aider à élaborer un plan pour atteindre cet objectif encore plus rapidement.

Par exemple, demandez-vous quels sont vos objectifs et vos projets :

- Dans les 6 prochains mois
- Dans 1 an
- Dans 5 ans
- Dans 10 ans
- À la retraite

Voici quelques exemples d'objectifs financiers courants. Mais attention : le but n'est pas de copier les objectifs des autres ou de faire ce que la société attend de vous, mais de vous demander ce qui est le plus important pour vous.

- Construire mon fonds d'urgence (entre 3 et 6 mois de dépenses)
- Acheter une maison
- Lancer mon business
- Commencer à investir
- ...

Écrivez-les quelque part, et prenez quelques heures un jour par mois pour suivre vos progrès.

• **Améliorez votre éducation financière**

Ce n'est pas vraiment un secret : plus vous en saurez sur les finances personnelles, mieux vous vous en sortirez. On a tendance à penser que le sujet des finances personnelles est extrêmement compliqué. Qu'il faut être mathématicien, ou trader pour y comprendre quelque chose.

Mais il est en réalité bien plus accessible qu'il n'y parait. Surtout qu'il existe d'innombrables ressources pour apprendre à gérer son argent. C'est notamment le cas des livres, qui permettent en général d'apprendre facilement à la fois la théorie et la pratique. Les livres sont un excellent moyen d'apprendre de l'expérience (et surtout, des erreurs...) de ceux qui ont fait le même chemin avant vous.

• **Discutez de l'argent avec votre partenaire**

L'argent est l'un des sujets de dispute les plus courants en couple. Et la pire chose à faire, c'est de ne pas en parler dans l'espoir d'éviter les embrouilles. Bien sûr, réussir à gérer son argent en couple peut être difficile. Chacun a ses propres opinions sur le sujet, et vous allez forcément devoir travailler à trouver un terrain d'entente. Mais au fond, vous êtes une équipe. Vous devriez parler de votre situation financière, de vos objectifs, de vos projets, et de ce que vous devez mettre en place pour mieux gérer vos finances au quotidien.

C'est la seule façon d'avancer ensemble et sans frustration.

Gardez aussi ces conseils en tête :

- Ne parlez pas seulement des dépenses (surtout pour critiquer les dépenses de l'autre...) mais de sujets plus généraux comme vos projets, votre niveau d'épargne, l'investissement, la retraite, les dons, etc.
- Posez des questions et essayez de comprendre l'état d'esprit de votre partenaire.
- Ne blâmez personne. Le but n'est pas de faire en sorte que votre point de vue ressorte gagnant. Au lieu de rejeter la faute sur l'autre, demandez-vous comment vous pouvez atteindre vos objectifs ensemble. Ce que vous voulez éviter, c'est que votre partenaire se sente jugé pour ses dépenses. Ça ne ferait que le mener à adopter attitude défensive, ce qui n'améliorera certainement pas la situation.

- **Organisez-vous des rendez-vous budget**

Comme on le disait plus haut dans cette partie, le budget est un élément central dans la bonne gestion de son argent. Et si vous êtes en couple, deux solutions s'offrent à vous :

- Faire un budget commun. Ce sera nécessaire si vous partagez vos dépenses et utilisez un compte commun, par exemple.
- Avoir chacun son propre budget. C'est ce que vous devrez faire si vous gardez vos dépenses et vos finances séparées. C'est le système qu'on utilise actuellement (sans problème) avec mon mari.

Gérer un budget commun vous demandera forcément un peu d'organisation, mais rien d'impossible. Ce n'est pas systématiquement le cas, mais en général, l'un des deux partenaires aura tendance à être plus organisé ou à l'aise avec la gestion des finances personnelles que l'autre. Dans ces cas-ci, l'idéal est de donner à cette personne la responsabilité "technique" du budget (utilisation de l'outil, ajout des transactions, etc.).

Organisez ensuite des réunions, si possible chaque semaine, entre vous deux pour discuter de votre budget et de votre situation pour le mois en cours. Pas de panique : ces réunions ne devraient prendre que 15-20 minutes par semaine maximum. L'autre partenaire aura pour mission de (1) venir aux réunions budget et (2) respecter le budget que vous aurez défini ensemble.

Par contre, toutes les décisions devront se pendre à deux. Si vous avez chacun un budget de votre côté, prenez malgré tout un moment pour définir ensemble vos objectifs financiers et vos projets, et pour vous assurer de mettre chacun de l'argent de côté pour les atteindre.

Essayez aussi de vous retrouver fréquemment pour discuter d'où vous en êtes et ajuster si besoin.

- **Automatisez vos finances**

Gérer son argent est au final souvent plus simple qu'il n'y parait. Mais ça ne veut pas dire que c'est facile. Beaucoup d'obstacles peuvent venir entraver une bonne gestion de vos finances personnelles. Et l'un des pires obstacles, c'est de devoir gérer de nombreux aspects de vos finances manuellement.

Payer encore des factures tous les mois manuellement, ou devoir passer des heures sur le portail de votre banque (ou pire : avoir des rendez-vous en agence...), ou devoir penser en permanence à faire des virements vers ses livrets d'épargne peut sembler, au final, pas si grave que ça.

Mais c'est exactement le genre de tâche qui vous prend beaucoup trop d'énergie mentale. Ce qui peut vous mener à deux situations :

- Trouver que gérer votre argent est compliqué, et vous dégouter du sujet
- Ou tout simplement lâcher l'affaire ou même oublier de faire certaines tâches dans les temps, et en subir les conséquences
- Heureusement, la technologie nous permet aujourd'hui de gagner beaucoup de temps (et d'éliminer beaucoup de stress) en mettant la plupart de vos tâches en mode pilotage automatique.

Voici les meilleurs conseils que je puisse vous donner.

- Payez toutes vos factures automatiquement. Beaucoup de personnes payent encore des factures manuellement tous les mois, au lieu de mettre en place un prélèvement automatique. En plus de vous faire gagner du temps, le prélèvement automatique vous libère de l'énergie mentale, et limite les oublis qui pourraient vous couter des pénalités de retard.
- Passer à une banque en ligne. Sérieusement. La plupart des obstacles qui faisaient auparavant douter de la pertinence de passer à une banque digitale ont aujourd'hui disparus. J'utilise N26 et ai dans le passé utilisé Boursorama Banque, et je ne reviendrai jamais en arrière. Tout est beaucoup plus simple à gérer avec ce type d'établissement.
- Renseignez-vous sur les applications d'épargne automatique. Comme leur nom l'indique, ce sont des apps dont le but est de vous aider à mettre de l'argent de côté automatiquement. Si vous êtes du genre à avoir tendance à trop dépenser tous les mois et à ne jamais réussir à mettre de côté, ce type d'application pourra vous aider. Parmi les plus populaires figurent Cashbee, Moka ou encore Yeeld

- **N'ignorez pas les petites dépenses**

Souvent, on essaie de faire des économies en évitant les gros achats. Surtout ceux qu'on considère ne pas pouvoir "se permettre" de faire. Mais on a trop facilement tendance à ignorer toutes les petites dépenses qu'on fait au cours du mois – souvent car on les considère insignifiantes. Et bien-sûr, faire attention aux grosses dépenses est essentiel. C'est certainement là que vous pourrez au mieux optimiser votre budget et mettre de côté. Mais les petits achats qu'on fait tous les jours – ceux qui ne semblent pas être un gros problème – peuvent représenter de (très) grandes sommes à la fin du mois.

Et c'est aussi en ça que votre budget mensuel va vous aider : à vous rendre compte à quel point toutes ces petites dépenses (un café à emporter le matin, une pâtisserie en rentrant du boulot, un magasine à la gare...) pèsent lourd. Bien sûr, le but n'est pas non plus d'économiser sur les petites dépenses pour ensuite claquer votre argent comme s'il n'y avait pas de lendemain dans des achats chers mais tout aussi peu importants. Essayez juste de prendre conscience de vos dépenses, et de vous demander, en cumulé, à quel point ce type d'achat pèse dans votre budget mensuel.

- **Apprenez à faire la différence entre besoin et désir**

Combien de fois avez-vous entendu quelqu'un (ou vous-même) prononcer, dans un magasin : "J'ai besoin d'un nouveau pantalon !"

En réalité, dans la très grande majorité des cas, vous n'en avez pas vraiment besoin (sauf si vous n'avez littéralement plus aucun pantalon dans vos placards).

Vous en avez surtout envie. Le problème, c'est qu'aujourd'hui, on confond très facilement besoin et désir. Et si vous n'arrivez pas à faire la différence, cela peut très facilement vous empêcher de mettre de l'argent de côté. Et pour bien gérer son argent, il est essentiel de réussir à faire cette distinction. Pour déterminer rapidement la différence entre un désir et un besoin, pensez qu'un besoin est quelque chose de nécessaire à votre survie. Comme de l'eau à boire, de la nourriture à manger, des vêtements pour vous garder au chaud et un abri pour vivre.

Certains besoins peuvent être un peu plus larges, comme le besoin d'interaction sociale – mais ils ne demandent pas nécessairement de faire chauffer sa CB pour les satisfaire. Les envies, quant à elles, sont là pour nous rendre la vie un peu plus agréable. Et bien sûr, on devrait tous profiter de la vie. Le but n'est pas de dire que vous ne devriez jamais dépenser dans des envies mais seulement dans des besoins. Loin de là. Mais seulement qu'il est important de les reconnaitre pour ce qu'ils sont vraiment.

Et comprendre que "profiter de la vie" ne veut pas non plus dire "dépenser son argent n'importe comment". Si vous pensez que manger plusieurs fois au restaurant tous les mois, ou avoir accès à la fois à Netflix, Prime Vidéo et HBO, ou un smartphone dernier cri sont des besoins, votre relation à l'argent est bien moins saine que vous le pensez. Et encore une fois, il est normal de vouloir des choses. Mais quoi que vous vouliez, soyez réaliste et déterminez d'abord si vous pouvez vous le permettre. Si vous ne pouvez pas vous le permettre, reportez votre achat à plus tard – ce n'est au final qu'une envie !

Apprendre à faire de meilleurs choix avec votre argent et à faire la différence entre les désirs et les besoins vous aidera à éviter les crédits et à atteindre la liberté financière plus tôt. Cela vous évitera aussi des situations financières difficiles. Et apprendre à contrôler vos dépenses vous sera utile à n'importe quel moment de votre vie.

 En comprenant la différence entre désirs et les besoins, vous serez en mesure de réduire certaines dépenses inutiles et d'améliorer votre situation financière. Et rappelez-vous qu'acheter ne rend pas heureux en dehors d'un simple plaisir à court terme – à la différence d'avoir une situation financière stable.

3. Gagnez plus, dépensez moins

Il existe deux grandes visions avec ce courant de pensée.

La première vision consiste à dépenser moins. Le principe est celui-ci : Dépensez le moins possible ! Objectif zéro dépense ! Réduisez votre train de vie autant que possible en faisant une croix sur tout ce qui n'est pas indispensable (loisirs, vacances, vêtements...) et économisez au maximum sur le reste. Faites la course aux promos, aux coupons de réduction, aux premiers prix... jusqu'à dépenser le moins possible. Achetez chaque objet d'occasion : tant que ce n'est pas gratuit, vous pouvez encore gratter !

Par contre la seconde vision prône ceci : Pour améliorer ses finances, il faut gagner plus. Le principe consiste à multipliez ses sources de revenus et gagnez toujours plus ! La sérénité financière ne s'acquiert qu'avec une carrière au top, un gros salaire, et de nombreuses sources de revenus complémentaires (vendez vos prestations en freelance, partagez vos talents sur YouTube, achetez un appartement défraîchi que vous rénoverez le week-end...). Bref, vous devez gagner le plus d'argent possible. Le solde du compte en banque est un score de réussite, comme dans un jeu vidéo

Alors on se demande vraiment la bonne solution ?

Dépenser moins ou gagner plus... Si nous comprenons (un peu) chacune de ces deux approches, nous trouvons surtout qu'elles sont excessives et qu'elles ne traitent pas le sujet le plus important : VOUS !

Si vous vous focalisez sur « dépenser moins »

- **Les avantages :**
- Vous êtes en bonne voie pour vivre sans soucis financiers car vous épargnez beaucoup, régulièrement et savez vivre avec peu, faire des économies.
- Vous ne dépendez pas d'un tiers pour atteindre l'objectif de moins dépenser : cela ne dépend que de vous

- **Les inconvénients :**
- L'exercice trouve rapidement ses limites : vous avez forcément un seuil de dépenses incompressibles !
- Vous risquez de vous laisser entraîner par les trucs et astuces des forums internet qui, comme toutes les petites communautés, glorifient la surenchère.
- Veillez bien à garder vos propres repères et à ne pas abaisser vos dépenses simplement pour vous faire accepter par les autres membres, alors que c'est inconfortable pour vous.
- Attention aux abus : vous nourrir au moins cher, ne plus vous chauffer, ne plus sortir... tout cela revient à échanger votre santé, de votre confort et de votre vie sociale contre de l'argent. La radinerie a un coût élevé !
- Projetez-vous dans 10 ans... Si vous êtes strict sur vos dépenses au point de vous priver d'expériences, vous aurez un beau matelas de cash mais aussi une belle somme de regrets et d'expériences manquées. Et l'argent ne peut rattraper le temps perdu...

Et si vous cherchez à gagner plus...

- **Les avantages :**
- Gagner beaucoup et avoir des responsabilités importantes peut augmenter votre confiance en vous et votre amour-propre.

- Si vous adaptez votre train de vie à vos revenus, c'est-à-dire si vous dépensez beaucoup, vous aurez potentiellement l'impression de vivre dans le luxe, ce qui peut vous apporter de la satisfaction.
- Si vous en profitez pour beaucoup épargner, vous serez dans une excellente situation financière dans quelques années et pourrez aborder l'avenir avec beaucoup de sérénité.

- **Les inconvénients :**
- Vous risquez de perdre votre vie à la gagner. Si vous rentrez du travail épuisé au point de ne pas pouvoir passer du temps avec vos proches, si vous avez un chalet à la montagne dont seuls vos cousins profitent... vous passez à côté des belles choses.
- Trop travailler, c'est endommager sa santé : stress, alimentation négligée, temps sommeil réduit...
- Plus vos revenus sont importants, plus vous êtes dépendant de tiers : votre chef, vos clients, vos locataires... deviennent vos nouveaux maîtres.
- Avec un salaire élevé, vous subirez des pressions pour dépenser beaucoup (voiture, vêtements, vacances...). Or, si votre train de vie est calqué sur vos revenus, vous ne vous enrichirez pas car vous n'accumulerez pas de patrimoine.
- Sous les apparences de la réussite, vous pourriez ne pas être pleinement satisfait. Trouverez-vous un sens à votre travail ?

Ces deux approches qu'on vient de voir négligent l'humain. L'extrême frugalité et l'accumulation financière semblent s'opposer. Mais en réalité, ces deux approches se rejoignent : elles font passer l'argent au premier plan. Dans les deux cas, l'humain se sacrifie pour augmenter la taille de son compte en banque pendant que ses rêves d'enfant lui filent sous le nez. Or, l'argent est un moyen, pas un but : l'humain ne doit pas se mettre au service de ses finances !

La meilleure solution

Il faut savoir réduire son train de vie et savoir augmenter ses revenus sont deux compétences essentielles, mais elles ne sont certainement pas une finalité. Vous devez les adapter à votre personne et les utiliser dans le bon ordre : maîtriser un budget d'abord, savoir où passe son argent, optimiser ses dépenses, faire des économies... ce qui permet ensuite de vous enrichir. En effet, comment espérez-vous garder vos millions si vous avez toujours dépensé 100 % de vos revenus en signes extérieurs de richesse ? En travaillant sur vos dépenses avant d'être riche, vous démultipliez l'efficacité de votre argent : vous saurez comment tirer le maximum de satisfaction de vos dépenses, ce qui vous permettra de mieux profiter de toute augmentation de revenus, d'épargner sans frustration et de gagner en indépendance financière. Un budget bien adapté à votre vie d'abord, les revenus ensuite.

Épargne avant tout

Vous devez apprendre à épargner. Inutile de vous adonner à des achats incontrôlés dès que le salaire arrive sur votre compte. Quand les gens touchent leur salaire, ils ont tendance à dépenser en se laissant aller à de nouveaux achats et en oublient ce qui importe réellement : les économies. L'épargne est le meilleur moyen pour se construire une richesse et un avenir de façon progressive. Épargner s'apprend, et vous devez, à tout prix, en faire une habitude. Vous devez mettre, tout au moins, minimum 10 % de votre rémunération de côté chaque mois.

4. Finir avec les crédits et devenir libre sans dette

Le surendettement est un obstacle à la liberté financière. Qui veut être financièrement indépendant doit se libérer de ses dettes. La première chose à faire est d'éviter de trop vous endetter. Il vaut mieux se débarrasser de toutes ses dettes (familiales ou individuelles) contractées. Il est essentiel de savoir vivre avec les moyens dont vous disposez.

Notez bien que les crédits, en s'accumulant, représentent un frein sur votre chemin vers la liberté financière.

Toutefois, si le recours au crédit est inévitable, n'utilisez pas plus d'une carte de crédit pour vos transactions. Avec une carte de crédit unique, vous aurez un œil sur vos dépenses. Une carte de crédit unique vous empêchera de vous endetter de manière incontrôlée. C'est également une manière de garder un œil vigilant sur vos dépenses.

5. La règle des 4%

Lorsqu'on est préoccupé à atteindre la liberté financière, il est absolument primordial de réinvestir son argent. Cependant, le but n'est pas d'investir chaque centime jusqu'à sa mort, rien ne sert d'emporter des fortunes dans la tombe.

Dans cette partie, on parlera de la règle des 4%. Le taux de retrait considéré comme optimum pour vivre indéfiniment de ses investissements.

La règle des 4%

Quand est-ce que l'on profite du fruit de ses investissements ? La réponse simple est : une fois que l'on considère que les revenus de notre richesse suffisent à mener la vie que l'on souhaite.

Mais comment déterminer la somme nécessaire ? Lorsque l'on pose la question autour de soi, on entend de tout, la valeur minimale étant en général de 5 Millions d'euros. La réponse dépend en réalité uniquement de vos dépenses : de combien avez-vous besoin par an (impôts et taxes inclus) ? Multipliez ce chiffre par 25 et vous saurez combien il vous faut placer d'argent pour vivre indéfiniment du rendement de vos investissements.

Multipliez vos besoins annuels par 25 revient à retirer 4% de votre richesse investi chaque année pour y subvenir.

Pourquoi 4% ?

« C'est génial ça... mais il sort d'où ce chiffre ?! »

Vous devez garder à l'esprit que la croissance du prix des actions combinée au rendement des dividendes permettait d'avoir un rendement de 7% par an en moyenne.

En prenant une marge de sécurité permettant entre autres de couvrir l'inflation, on obtient ce taux de 4% de retrait annuel tout en conservant son richesse investit... pour toujours !

« Mais s'il y a un énorme krach boursier, on perd tout et on n'a plus de quoi vivre. C'est beaucoup trop dangereux ! »

L'étude Trinity : la règle des 4% à l'épreuve

Qu'est-ce que c'est ?

Cette étude a été réalisée par trois professeurs de finance de l'université de Trinity au Texas. Elle avait pour but de déterminer le taux maximum qu'il était possible de retirer d'un portefeuille composé à moitié d'actions et à moitié d'obligations pour que celui-ci dure au minimum 30 ans. Ces professeurs ont étudié l'évolution du portefeuille de retraités imaginaires pour des années de « départ en retraite » entre 1926 et 1981. Chacun de ces retraités imaginaires a été attribué un taux de retrait différent pour une même année de départ à la retraite. Les années suivantes, ce taux augmente suivant l'indice des prix à la consommation (IPC).

L'objectif étant de trouver pour chaque année de départ en retraite, le taux maximum de dépense du portefeuille pour que celui-ci ne soit pas banqueroute pendant 30 ans !

Un exemple pour mieux comprendre

Pour un départ en retraite en 1926, on a assigné aux différents retraités :

- Retraité A : 1% de retrait annuel
- Retraité B : 2% de retrait annuel
- …
- Retraité Z : 26% de retrait annuel

J'espère que vous avez compris le principe.

30 ans plus tard en 1956, on regarde ceux qui ont toujours de l'argent investi en portefeuille.

Le retraité Z qui devait retirer 26% de son portefeuille chaque année n'a plus rien, c'est un échec.

Le premier retraité qui n'est pas banqueroute en 1956 est le retraité G qui avait un taux de retrait de 7%. Pour un départ en retraite en 1926, le taux de retrait maximal de retrait était donc de 7%.

L'opération a ensuite été répétée sur chaque année.

Les résultats de l'étude

Cette étude a permis de tracer ce graphique, où l'on voit simplement le taux annuel maximal qu'il était possible de réaliser en fonction de l'année de départ en retraite :

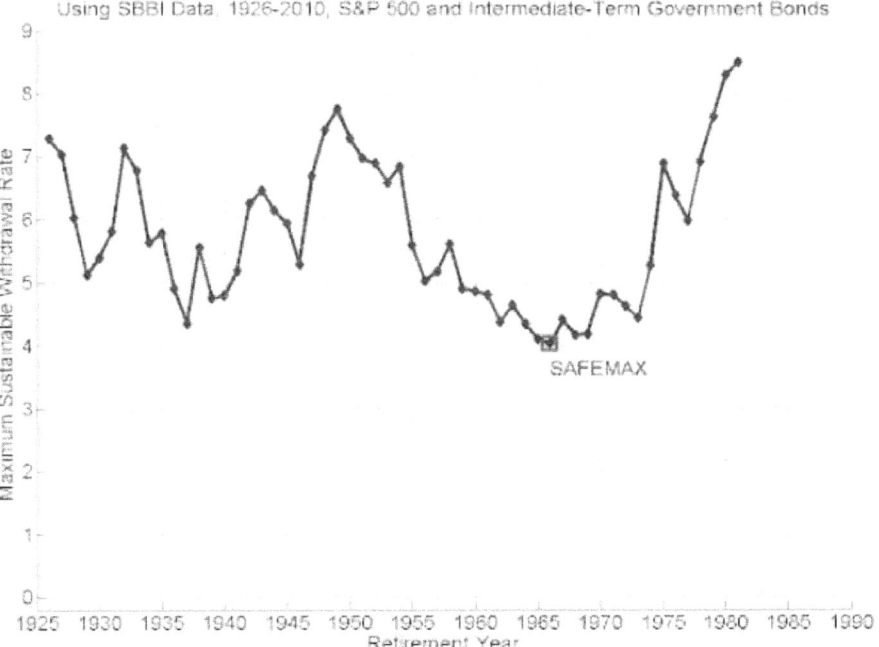

Figure 2.1
Maximum Sustainable Withdrawal Rates
For 50/50 Asset Allocation, 30-Year Retirement Duration, Inflation Adjustments, No Fees
Using SBBI Data, 1926-2010, S&P 500 and Intermediate-Term Government Bonds

Comme vous pouvez le voir, les 4% de retrait sont en fait le cas du pire scénario possible sur ces plus de cinquante années étudiées ! La plupart du temps, les retraités auraient pu retirer plus de 5% par an sans être banqueroute sur les 30 années.

Cependant, pour ce qui nous concerne, « ne pas être banqueroute » ne suffit pas, et la richesse doit pouvoir durer bien plus de 30 ans. Mais la beauté des intérêts composés, c'est qu'il n'y a quasiment pas de différence entre tenir 30 ans avec un portefeuille... et tenir une infinité d'années.

95

Ça a marché d'accord, mais à l'avenir ?

Les pessimistes trouvent des excuses

On voit que la règle des 4% fonctionnait sur plus d'un demi-siècle malgré les fluctuations des marchés boursiers. Elle continue d'ailleurs de fonctionner de nos jours, des études plus récentes le démontrant. Mais il y a encore et toujours des pessimistes qui diront que :

- Le 20ème siècle a connu une croissance exceptionnelle. Aujourd'hui avec le changement climatique et toutes les instabilités politiques, le monde va tomber en décroissance !
- Qu'est-ce qu'il se passe s'il y a un énorme krach boursier dans les années à venir ?
- Cette étude a été réalisée avec des données américaines, ça n'a rien à voir en France.
- Même en prenant la règle des 4% de retrait annuel, il y a une petite possibilité d'échec. Et si je me retrouvais à la rue à 70 ans ?

Les pessimistes resteront pessimistes et trouveront de toute façon d'autres raisons pour ne pas passer à l'action.

Les pragmatiques agissent

Voici quelques autres points en faveur de notre étude.

En effet, l'étude Trinity part du principe qu'une fois votre « retraite » prise, vous ne vivrez exclusivement que de vos investissements et donc que :

- Vous ne travaillerez jamais, sur d'autres projets, à temps partiel ou en tant qu'auto-entrepreneur.
- Vous n'ajusterez jamais vos dépenses en fonction d'éventuels évènements économiques.
- Vous ne recevrez jamais aucune aide telle qu'une pension de retraite.
- Vous ne modifierez jamais vos habitudes de consommation pour compenser une augmentation des prix sur tel ou tel produit.
- Vous ne collecterez jamais aucun héritage.
- Vous ne dépenserez jamais moins en vieillissant (ce que diverses études tendent à prouver)

En bref, la règle des 4% permet de déterminer de façon tout à fait sûre la somme nécessaire pour être libre financièrement.

Chapitre 2 : Finances Personnelles

Comprendre l'Importance des Finances Personnelles

« La liberté financière est le fruit d'une gestion avisée et d'une compréhension profonde de vos finances personnelles. »

Les finances personnelles sont le socle sur lequel repose notre avenir financier. Dans ce chapitre, nous explorerons en profondeur l'importance cruciale d'une gestion financière solide pour réaliser nos rêves et atteindre la liberté financière tant recherchée. En construisant des bases solides, nous pouvons transformer nos aspirations en réalités tangibles.

Imaginez vos finances comme une maison que vous construisez. Les fondations solides sont essentielles pour soutenir la structure entière. De la même manière, une gestion financière bien établie constitue la base sur laquelle vous pouvez ériger vos projets, investissements et rêves. Cela nécessite une compréhension approfondie de vos revenus, dépenses, dettes et épargnes. En posant ces bases, vous créez un environnement propice à la croissance financière.

L'Art de Fixer et Atteindre des Objectifs Financiers

Une gestion financière solide facilite également la réalisation d'objectifs financiers concrets. Qu'il s'agisse de rembourser une dette, d'acheter une maison, de financer l'éducation de vos enfants ou de préparer votre retraite, vos actions sont guidées par vos fondations financières.

Imaginez que vous souhaitez construire une tour imposante. Chaque étage représente un objectif financier. Sans fondations solides, la tour serait instable, sujette aux vents contraires de la vie. De même, sans une gestion financière adéquate, vos efforts pour atteindre vos objectifs pourraient être fragiles et vulnérables aux imprévus.

Changer de Mentalité

Dans cette partie, nous allons plonger dans l'importante transformation mentale qui est nécessaire pour établir une relation saine et positive avec l'argent. Trop souvent, notre attitude envers l'argent est teintée de croyances limitantes et négatives héritées de notre passé, de notre éducation et de notre environnement. Pourtant, changer de mentalité à ce sujet peut avoir un impact profond sur notre bien-être financier et notre qualité de vie globale.

L'argent n'est ni bon ni mauvais en soi, c'est la manière dont nous le percevons et l'utilisons qui détermine son influence sur nos vies. Adopter une mentalité positive envers l'argent commence par reconnaître que l'argent est un outil qui peut nous aider à réaliser nos rêves, à soutenir nos besoins et à contribuer au bien-être des autres. En débarrassant notre esprit des croyances limitantes comme "l'argent est la source de tous les maux" ou "je ne mérite pas d'être financièrement prospère", nous ouvrons la voie à de nouvelles opportunités et à une plus grande abondance.

Cultiver l'Abondance et la Confiance dans la Gestion Financière

Pour adopter une mentalité positive envers l'argent, il est essentiel de cultiver un sentiment d'abondance plutôt que de se focaliser sur le manque. La peur de ne pas en avoir assez peut nous conduire à des choix financiers précipités et non éclairés. En développant une perception de l'abondance, nous attirons naturellement plus d'opportunités financières et sommes mieux préparés à prendre des décisions judicieuses.

La confiance dans la gestion financière découle de l'éducation et de la compréhension. Plus nous apprenons sur les principes de base de l'argent, comme l'épargne, l'investissement et la gestion des dettes, plus nous nous sentons en contrôle de notre avenir financier. Cultiver cette confiance nécessite souvent une remise en question de nos habitudes et une volonté d'apprendre et de grandir.

Créer un Budget et Gérer les Dépenses

La création d'un budget solide est un pilier essentiel d'une gestion financière réussie. Un budget bien conçu nous permet de suivre nos revenus et nos dépenses, d'allouer des fonds pour nos priorités et nos objectifs, et de prévoir les imprévus. Cependant, il est important de se rappeler que le budget n'est pas une restriction, mais plutôt un outil de liberté financière. Il nous donne la visibilité nécessaire pour prendre des décisions éclairées tout en évitant les excès qui pourraient compromettre nos objectifs à long terme.

Gérer les dépenses de manière responsable signifie également évaluer régulièrement nos choix financiers et leur alignement avec nos valeurs et nos objectifs. Cela peut impliquer de remettre en question les dépenses impulsives, de rechercher des moyens d'économiser sans sacrifier la qualité de vie, et d'explorer des stratégies pour maximiser la croissance de nos ressources.

Étapes pour créer un budget réaliste

1. Identifier vos sources de revenus : Commencez par dresser la liste de toutes vos sources de revenus, qu'il s'agisse de salaires, de revenus secondaires ou d'autres entrées d'argent.

2. Évaluer vos dépenses essentielles : Classez vos dépenses en essentielles et non essentielles. Les besoins fondamentaux tels que le logement, la nourriture, les services publics et les frais de transport devraient être pris en compte en premier.

3. Allouer pour l'épargne et l'investissement : Après avoir déduit vos dépenses essentielles de vos revenus, allouez une partie de ce qui reste à l'épargne. C'est le fondement d'une sécurité financière à long terme. De plus, envisagez d'investir une partie de ces économies pour générer des revenus passifs et faire croître votre patrimoine.

L'importance de suivre régulièrement vos dépenses

1. Prendre conscience de vos habitudes de dépenses : Suivre régulièrement vos dépenses vous permet de prendre conscience de vos habitudes financières. Cela vous aidera à identifier les domaines où vous pourriez réduire les dépenses et à éviter les gaspillages inutiles.

2. Prévenir les dérapages budgétaires : En gardant un œil attentif sur vos dépenses, vous pouvez anticiper tout dépassement budgétaire potentiel et prendre des mesures correctives à temps. Cela vous évite d'accumuler des dettes non planifiées.

Utiliser des applications et des outils pour faciliter le suivi

1. Avantages des applications de suivi financier : Les applications et les outils en ligne simplifient grandement le suivi de vos dépenses. Ils automatisent le processus, catégorisent vos dépenses et fournissent des analyses détaillées, offrant ainsi une vue d'ensemble complète de votre situation financière.

2. Sélectionner l'outil qui vous convient : Il existe une variété d'applications et d'outils disponibles, allant des simples feuilles de calcul aux applications de pointe avec des fonctionnalités avancées. Choisissez celui qui correspond le mieux à vos besoins et à votre niveau de confort technologique.

Économiser de manière intelligente

1. Établir des objectifs d'épargne : Définissez des objectifs d'épargne spécifiques, tels que la constitution d'un fonds d'urgence, l'achat d'une maison ou la planification de la retraite. Cela vous donnera une motivation claire pour économiser.

2. Adopter des habitudes d'achat réfléchies : Avant un achat important, prenez le temps de comparer les prix, de rechercher des remises et d'évaluer si cet achat correspond réellement à vos besoins à long terme.

Stratégies pour économiser sur les dépenses courantes

La gestion intelligente de vos finances commence par une attention particulière aux dépenses quotidiennes. En adoptant des stratégies judicieuses, vous pouvez économiser considérablement et libérer des ressources pour vos projets d'épargne et d'investissement.

Voici comment y parvenir :

1. Négociation et recherche d'offres

Négocier est souvent sous-estimé, mais il s'agit d'une compétence essentielle pour économiser. Apprenez à négocier vos contrats de services, vos abonnements et même vos achats majeurs. Recherchez constamment les offres spéciales, les réductions et les promotions pour tirer le meilleur parti de votre argent.

2. Alternatives économiques intelligentes

Ne vous contentez pas de la première option qui se présente à vous. Explorez les alternatives économiques pour chaque aspect de votre vie. Que ce soit pour les courses, les loisirs ou les voyages, il existe souvent des options tout aussi satisfaisantes, mais moins coûteuses.

Éliminer les Dettes et Gérer les Crédits

Les dettes peuvent entraver vos progrès financiers. Apprenez à les gérer efficacement pour libérer des fonds supplémentaires.

1. Stratégies pour rembourser les dettes

Priorisez le remboursement de vos dettes en commençant par celles qui ont les taux d'intérêt les plus élevés. Adoptez la méthode de la boule de neige ou la méthode du remboursement le plus élevé en fonction de votre situation. Restez discipliné et déterminé à mesure que vous voyez vos dettes diminuer progressivement.

2. Gestion prudente des crédits

Les crédits peuvent être des outils puissants s'ils sont utilisés judicieusement. Évitez les tentations inutiles, utilisez vos cartes de crédit avec précaution et respectez toujours les dates d'échéance. Une bonne gestion du crédit vous permettra d'éviter les frais et de maintenir une cote de crédit saine.

Impact positif sur les ressources disponibles

En appliquant ces stratégies, vous verrez un impact significatif sur vos ressources financières disponibles.

1. Libérer des ressources pour l'épargne

À mesure que vous réduisez vos dépenses courantes et remboursez vos dettes, vous libérerez des ressources financières qui peuvent être dirigées vers vos comptes d'épargne. Constituer un fonds d'urgence devient plus réalisable, offrant une tranquillité d'esprit face à l'incertitude.

2. Préparer le terrain pour l'investissement

Avec des dettes sous contrôle et des habitudes d'économie établies, vous êtes prêt à envisager sérieusement l'investissement. Que ce soit dans l'immobilier, la bourse ou d'autres opportunités, vous disposerez désormais des moyens de faire fructifier votre argent et de travailler en vue de vos objectifs financiers à long terme.

Épargner et Investir pour l'Avenir

Penser à l'avenir financier est essentiel pour construire une base solide et réaliser vos aspirations à long terme. L'épargne et l'investissement sont les pierres angulaires de cette préparation, vous permettant de réaliser des rêves, de surmonter les obstacles et d'atteindre la tranquillité d'esprit financière.

1. Cultiver l'habitude d'épargner

L'épargne régulière est la clé pour constituer une réserve financière stable. Fixez-vous des objectifs d'épargne atteignables et créez un plan pour mettre de côté une partie de vos revenus à chaque période. Cette discipline financière vous permettra de faire face aux défis futurs tout en ayant la liberté de réaliser vos projets.

2. Explorer les différentes options d'investissement

L'investissement est une voie vers la croissance financière. Prenez le temps de comprendre les différentes options d'investissement telles que la bourse, l'immobilier, les fonds communs de placement, etc. Chaque option a ses avantages et ses risques, et en diversifiant vos investissements, vous pouvez maximiser les opportunités tout en atténuant les risques.

Constituer un Fonds d'Urgence

Un fonds d'urgence est comme un filet de sécurité financier qui vous protège des imprévus et des moments difficiles. C'est l'un des éléments les plus cruciaux de votre plan financier global.

1.   Importance d'avoir un coussin financier

La vie est imprévisible, et les dépenses inattendues peuvent surgir à tout moment : une urgence médicale, des réparations de voiture ou même une perte d'emploi. Avoir un fonds d'urgence vous évite de vous endetter pour faire face à ces situations, préservant ainsi votre stabilité financière à long terme.

2.   Comment construire un fonds d'urgence solide

Pour constituer un fonds d'urgence, commencez par définir un objectif. Idéalement, visez à épargner trois à six mois de dépenses essentielles. Créez un compte séparé pour ce fonds et alimentez-le régulièrement. Automatisez les transferts pour garantir une contribution constante.

3. Utiliser judicieusement le fonds d'urgence

Votre fonds d'urgence doit être accessible en cas de besoin, mais résistez à la tentation de l'utiliser pour des dépenses non essentielles. Réservez-le uniquement pour les urgences réelles, et veillez à le reconstituer après chaque retrait.

Planifier la Retraite et Maximiser les Revenus

La retraite représente une phase cruciale de la vie qui mérite une planification minutieuse afin de garantir une sécurité financière et une qualité de vie optimale. Dans cette partie de ce livre, nous explorerons en profondeur les étapes essentielles pour planifier votre retraite de manière efficace tout en maximisant vos revenus, vous offrant ainsi la tranquillité d'esprit que vous méritez.

a. Prévoir la Retraite pour un Avenir Serein

1. Définir vos objectifs de retraite

Avant de commencer à planifier, il est important de définir clairement vos objectifs de retraite. Posez-vous des questions telles que :

- À quel âge souhaitez-vous prendre votre retraite ?
- Quel niveau de dépenses prévoyez-vous avoir pendant la retraite ?

- Avez-vous des projets spécifiques que vous aimeriez réaliser une fois à la retraite, comme voyager ou poursuivre des hobbies ?

Une fois que vous avez une vision claire de vos objectifs, vous pouvez travailler sur une estimation réaliste de vos besoins financiers futurs.

2. Évaluer votre situation financière actuelle

Une analyse approfondie de votre situation financière actuelle est cruciale pour planifier une retraite sereine. Faites un inventaire de vos actifs, y compris l'épargne, les investissements, les biens immobiliers et tout autre bien de valeur. Tenez également compte de vos dettes, comme les prêts hypothécaires ou les dettes de carte de crédit.

En connaissant votre situation financière actuelle, vous pourrez évaluer combien d'efforts et d'économies seront nécessaires pour atteindre vos objectifs de retraite.

3. Établir un budget de retraite réaliste

Une fois que vous avez défini vos objectifs et évalué votre situation financière, il est temps d'établir un budget de retraite réaliste. Prenez en compte vos dépenses mensuelles actuelles et estimez comment elles pourraient changer à la retraite. N'oubliez pas de tenir compte des dépenses de santé, de logement, de loisirs et autres.

L'objectif est de vous assurer que votre budget de retraite couvrira non seulement vos besoins essentiels, mais aussi vos désirs et vos rêves pour cette nouvelle phase de vie.

4. Prévoir les imprévus

La vie est imprévisible, c'est pourquoi il est essentiel de prévoir des marges de sécurité dans votre plan de retraite. Créez un fonds d'urgence pour faire face à d'éventuelles dépenses imprévues ou aux fluctuations du marché financier. Cela vous évitera d'avoir à puiser dans vos économies de retraite prématurément.

b. Options de Planification de la Retraite

La planification de la retraite implique la mise en place de stratégies financières et personnelles pour assurer une période de vie confortable après avoir quitté la vie professionnelle.

Voici quelques options de planification de la retraite à considérer :

1. Régimes de retraite d'employeur : De nombreuses entreprises proposent des régimes de retraite tels que les régimes à prestations définies (l'employeur garantit un montant spécifique de revenu de retraite) ou les régimes à cotisations définies (l'employeur et/ou l'employé cotisent à un compte de retraite individuel). Ces plans sont avantageux

car ils permettent souvent des cotisations prélevées automatiquement sur le salaire, ce qui facilite l'épargne.

2. Comptes d'épargne-retraite (CER) : Les comptes tels que les comptes de retraite individuels (IRA) aux États-Unis ou les régimes enregistrés d'épargne-retraite (REER) au Canada offrent des avantages fiscaux pour l'épargne en vue de la retraite. Les cotisations peuvent être déduites des impôts et la croissance des investissements est généralement déférée de l'impôt jusqu'au moment des retraits.

3. Rentes et pensions privées : Vous pouvez acheter des rentes ou des pensions privées auprès de compagnies d'assurance ou d'autres fournisseurs financiers. En échange d'une somme d'argent (capital), vous recevrez des paiements réguliers pour le reste de votre vie ou pour une période déterminée.

4. Investissements à long terme : Placer de l'argent dans des comptes d'investissement (actions, obligations, fonds communs de placement, etc.) peut générer une croissance significative sur le long terme. Cependant, cela comporte des risques liés à la volatilité des marchés.

5. Immobilier : Investir dans des biens immobiliers pour générer des revenus locatifs peut être une source stable de revenus pendant la retraite.

6. Affaires personnelles : Certaines personnes choisissent de continuer à diriger des petites entreprises ou à exercer des activités indépendantes pendant leur retraite pour maintenir un flux de revenus.

7. Planification successorale : Une planification successorale appropriée peut réduire les coûts fiscaux et assurer la transmission en douceur de vos actifs à vos héritiers.

8. Travailler à temps partiel : Beaucoup de retraités optent pour un emploi à temps partiel ou des activités rémunérées occasionnelles pour compléter leurs revenus.

9. Assurance retraite : Certaines compagnies d'assurance offrent des produits spécifiques pour la retraite, comme les rentes variables ou les assurances vie avec valeur de rachat.

10.   Évaluation et ajustement réguliers : Peu importe la stratégie choisie, il est important de régulièrement réévaluer vos objectifs, vos besoins et votre situation financière, et d'ajuster votre plan en conséquence.

c. Le Pouvoir de l'Intérêt Composé dans la Planification de la Retraite

Le temps, ce bien précieux qui s'écoule de manière inexorable, peut être votre meilleur allié lorsqu'il s'agit de bâtir un portefeuille de retraite solide. L'une des clés de cette réussite réside dans la magie de l'intérêt composé. Ce chapitre explore en détail les avantages incontestables de commencer à planifier votre retraite le plus tôt possible, en mettant en évidence les retombées exponentielles de l'intérêt composé sur vos finances futures.

1. La Puissance de l'Intérêt Composé

Imaginez votre argent comme une graine que vous plantez dans le sol financier. L'intérêt composé agit comme la pluie qui arrose cette graine. Au fil du temps, non seulement la graine croît, mais elle donne naissance à des fruits qui à leur tour génèrent d'autres graines. De même, l'intérêt composé ne se contente pas d'augmenter votre capital initial ; il travaille aussi sur les intérêts déjà acquis, créant un effet boule de neige financier.

L'essence de l'intérêt composé réside dans l'effet cumulatif des intérêts. Les gains d'une période se combinent avec le capital initial, formant une base plus élevée pour les intérêts futurs. Cela crée une spirale ascendante où chaque cycle de croissance est plus prononcé que le précédent. Cette croissance exponentielle est le fondement du succès financier à long terme.

2. Comparaison entre le Démarrage Précoce et le Procrastinateur

Pour saisir pleinement l'importance de commencer tôt grâce à l'intérêt composé, il est essentiel de confronter deux scénarios distincts : celui de l'investisseur précoce et celui du procrastinateur financier.

Dans le scénario de l'investisseur précoce, une personne commence à planifier sa retraite dès ses premières années de travail. Même avec des contributions modestes, l'intérêt composé a suffisamment de temps pour agir. Les intérêts générés au fil des ans deviennent une part significative du portefeuille global, contribuant de manière exponentielle à la croissance.

En revanche, le procrastinateur financier retarde la planification de sa retraite, peut-être sous l'influence de l'illusion que le temps est illimité. Cependant, chaque année perdue représente une opportunité manquée pour que l'intérêt composé puisse faire son travail. L'argent investi plus tard devra travailler beaucoup plus dur pour rattraper le temps perdu.

La comparaison entre ces deux scénarios souligne l'avantage considérable de la prévoyance précoce. Les efforts modestes déployés tôt dans la vie ont un impact bien plus important que des efforts importants déployés plus tard. Les intérêts composés récompensent ceux qui ont la vision à long terme et qui comprennent que chaque instant compte dans la construction d'un avenir financier solide.

Les Subtilités des Effets de Levier : Maîtriser l'Art de l'Investissement Éclairé

Au croisement du courage financier et de l'intelligence stratégique réside un domaine envoûtant de l'investissement : les effets de levier. Tel un alchimiste financier, un investisseur averti sait que la clé de la croissance exponentielle réside dans la compréhension et l'utilisation astucieuse de ces effets. Inspiré par les maîtres de l'investissement tels que Graham et Buffet, ce chapitre se penche sur les subtiles subtilités des effets de levier.

Les Fondements des Effets de Levier

Les effets de levier financiers ne sont pas des outils à prendre à la légère. Tel un marin naviguant sur des eaux inexplorées, un investisseur doit d'abord comprendre les vents et les courants de cette puissante force. S'inspirant des enseignements de Benjamin Graham, pionnier de l'analyse financière, ce chapitre explore les concepts fondamentaux. Des notions de dette et de capitaux propres aux mécanismes de risque et de récompense, chaque investisseur devrait maîtriser les bases avant de s'aventurer plus loin.

Les Armes Doubles tranchants

Warren Buffet, l'oracle d'Omaha, a souvent rappelé que les effets de levier sont des épées à double tranchant. Utilisés judicieusement, ils peuvent être une clé pour déverrouiller des portes insoupçonnées de richesse. Pourtant, une utilisation imprudente peut mener à une catastrophe financière. À travers les pages de ce chapitre, les lecteurs sont guidés à travers les expériences de Buffet et d'autres titans financiers pour comprendre les risques et les récompenses inhérents aux stratégies à effet de levier.

L'Art de l'Endettement Éclairé

L'empreinte de Robert Kiyosaki, auteur de "Père riche, père pauvre", se trouve sur ce chapitre dédié à l'endettissement éclairé. Comprendre comment les prêts peuvent devenir des alliés dans le voyage de l'investisseur est une compétence précieuse. Des prêts immobiliers aux marges de crédit, des emprunts intelligents peuvent catalyser la croissance du portefeuille. Toutefois, la prudence et la diligence sont nécessaires pour éviter les pièges de l'endettement excessif.

Sculpter l'Avenir Financier

Tel un sculpteur travaillant un bloc de marbre brut, un investisseur averti peut façonner son avenir financier en comprenant comment manier les effets de levier. À travers les paroles sages de Peter Lynch et son approche à long terme, ce chapitre explore comment les effets de levier intelligents peuvent permettre de transformer de modestes investissements en œuvres d'art financières durables.

L'effet cumulé selon Darren Hardy

L'effet cumulé, tel que présenté par Darren Hardy, illustre le pouvoir des petites actions répétées et cohérentes sur une période de temps pour créer des changements significatifs et positifs dans nos vies. Ce concept est souvent utilisé pour expliquer comment de simples choix et habitudes, lorsqu'ils sont maintenus avec consistance sur une longue durée, peuvent conduire à des transformations radicales.

Il a parlé de l'analogie classique de la fable du lièvre et de la tortue pour souligner qu'on n'a pas besoin d'être le meilleur ou le plus rapide pour réussir, mais plutôt d'appliquer de manière cohérente les bonnes habitudes et pratiques qui mènent au succès. L'effet cumulé est ainsi présenté comme un guide pour atteindre le succès en utilisant le temps à notre avantage.

L'exemple personnel de Darren Hardy et de son père illustre comment la discipline et la consistance dans la mise en œuvre de routines peuvent conduire à des résultats impressionnants à long terme. En soulignant l'idée que de petits changements intelligents et cohérents, associés à une utilisation judicieuse du temps, peuvent faire une différence radicale, l'auteur formule une équation simple pour représenter cet effet cumulé.

Il poursuit en utilisant des exemples concrets de trois amis, Larry, Scott et Brad, pour montrer comment de petits choix et habitudes au fil du temps peuvent entraîner des résultats très différents. Ces exemples illustrent également l'effet domino, où les choix dans un domaine affectent d'autres aspects de la vie.

L'idée principale est que l'effet cumulé demande des efforts constants sur une période prolongée avant que les résultats ne deviennent visibles. Cela implique de rejeter la mentalité "Micro-onde" qui cherche des résultats instantanés. Il précise que l'effet cumulé est une réalité constante et que c'est à chacun de choisir de l'utiliser à son avantage.

Il souligne l'importance de la cohérence, de la discipline et de l'environnement dans la réalisation de changements positifs et durables dans nos vies.

Chapitre 3 : Un bon investissement, qu'est-ce que c'est ? Et en quoi investir ?

L'univers de l'investissement immobilier s'était ouvert à moi comme un vaste champ d'opportunités, et c'est avec une combinaison d'enthousiasme et d'appréhension que je me suis lancé dans mon premier pas concret dans ce domaine fascinant. J'avais évoqué les notions fondamentales pour atteindre la liberté financière dans le chapitre précèdent, mais il était temps de passer de la théorie à la pratique. Et c'est ainsi qu'est née mon histoire, celle qui allait devenir l'un des piliers de mon parcours dans l'immobilier.

Mon premier investissement immobilier fut un petit studio, un espace de 30 m² qui allait devenir bien plus que de simples murs et un toit. L'idée de louer cet espace aux étudiants me semblait judicieuse, une façon d'entrer dans le monde de l'investissement avec une démarche réaliste et réalisable. Le potentiel était là, à portée de main, mais avant de prendre cette décision cruciale, j'ai ressenti cette montée d'émotions contradictoires qui précède souvent les grandes étapes de la vie.

J'ai senti la boule au ventre, ce mélange d'excitation et de crainte face à l'inconnu. Investir dans l'immobilier n'était pas simplement une affaire de chiffres et de transactions, c'était un saut dans l'inconnu, un pas vers la réalisation de mes rêves financiers et une opportunité de bâtir un avenir solide. Le jour où j'ai finalement signé les papiers pour acquérir mon premier bien, cette boule au ventre s'est muée en une énergie vibrante, celle de la concrétisation d'un projet mûrement réfléchi.

Le processus d'achat s'est déroulé avec une relative aisance, et à mesure que les formalités se réglaient, j'ai ressenti un sentiment de simplicité inattendue. L'investissement immobilier n'était pas le domaine complexe que j'avais parfois imaginé. Bien sûr, il y avait des démarches à suivre, des détails à prendre en compte, mais dans l'ensemble, l'idée que c'était accessible à tout individu avec une vision claire et une volonté déterminée s'est profondément ancrée en moi.

Ce premier pas dans l'investissement immobilier m'a offert une perspective nouvelle sur mes capacités. En devenant propriétaire de ce petit studio, j'ai pris conscience que je pouvais devenir un rentier immobilier grâce à la puissance de la pierre. C'était une révélation qui m'a ouvert les yeux sur un monde de possibilités et qui m'a montré que l'immobilier était bien plus qu'une simple transaction. C'était un moyen de construire une base solide pour mon avenir financier, de créer une source de revenus stable et durable.

Cependant, comme toute aventure entrepreneuriale, il y avait aussi des leçons à tirer. Dans mon enthousiasme initial, j'ai peut-être laissé mon empressement me pousser à investir dans plusieurs biens trop rapidement. Cette expérience m'a montré que bien que l'investissement immobilier soit accessible, il nécessite toujours une approche prudente et réfléchie. Chaque investissement mérite d'être examiné avec soin, de la recherche du bon emplacement à l'évaluation minutieuse des risques et des retours potentiels.

Un bon investissement, qu'est-ce que c'est ?

L'investissement est l'acte par lequel une personne physique ou morale dépense de l'argent pour en gagner plus. Autrement dit, l''investissement est l'action d'investir, c'est-à-dire d'acquérir de nouveaux moyens de production, d'améliorer leur rendement ou de placer des capitaux dans une activité économique, dans une entreprise, etc. Le moteur de l'investissement est la perspective d'en retirer un profit. En effet, investir consiste à engager une importante dépense aujourd'hui afin d'obtenir un bénéfice dans le futur.

Comment réussir son investissement ?

La première des choses à garder en esprit est qu'il n'y a pas d'investissement sûr d'avance. Cependant il y a des secrets à retenir pour réussir tout investissement. En matière d'investissement, l'improvisation doit être mise de côté. Pour bien réussir, il faut découvrir et maîtrise les avantages, les risques, les contraintes, les caractéristiques et les pièges que cet investissement comporte.

Secret n°1 : Avoir une vision à long terme

La spéculation est l'erreur fatale de nombreux investisseurs. Dans le cadre de l'investissement, l'idée n'est pas de sprinter, mais de faire du marathon.

L'investissement sur la durée est indispensable pour penser à obtenir de meilleures performances. Quand les marchés fluctuent, penser à générer un gain immédiat par l'achat et la vente de placements vous éloignera de votre objectif sur le plus long terme. Espérer réussir, notez toujours que l'investissement est une activité humaine, c'est pourquoi il est indispensable de tenir compte de l'impact de vos émotions sur vos décisions. Pour ce faire, n'agissez pas sans savoir quel est le moment idéal pour entrer et sortir du marché.

Secret n°2 : Varier votre portefeuille de manière appropriée

Pour raison de facilité, les investisseurs ont généralement tendance à canaliser leurs investissements sur leur marché domestique, celui qu'ils connaissent le mieux. C'est en diversifiant pourtant qu'il est possible de réaliser de meilleurs résultats. Cette stratégie permet aussi surtout de prévenir le risque d'effondrement simultané de tous vos actifs. En plus de récolter des gains différents, la diversification est également efficace pour vous protéger des troubles du marché. Dans le cadre de la diversification, il est toutefois conseillé de débourser plus de fonds sur le secteur le moins risqué, qui vous met le plus à l'aise et que vous êtes sûr de pouvoir maîtriser.

Secret n°3 : Investir votre argent de façon récurrente

Un bon investisseur se reconnaît par sa capacité à s'écarter à tout prix des risques en investissant de manière récurrente. Pour ne pas débuter l'aventure avec une perte, choisissez toujours le bon moment pour entrer sur le marché. En investissant de manière récurrente, vous allez réduire considérablement les risques. Vous pouvez également tenter d'étaler un versement unique dans le temps en fractionnant autant que possible le déboursement des fonds en plusieurs paiements.

Secret n°4 : Tenir compte de l'importance des informations

Peu importe le secteur dans lequel vous souhaitiez investir, il est fortement recommandé de bien vous informer avant de décider de faire un quelconque placement sur le court, le moyen ou le long terme. Pour bien étudier dans les détails les différentes possibilités d'investissement, établissez votre profil de risque avant de vous lancer. Prenez aussi le temps de comparer toutes les propositions disponibles sur le marché en faisant le tour de la concurrence. Le plus important est aussi de trouver un maximum d'informations sur les entreprises dans lesquelles vous allez effectuer des placements. Pour éviter tout piège, prenez également le temps de bien lire toutes leurs conditions avant de mettre votre argent en jeu.

En quoi investir ?

Maintenant, vous savez comment ne plus dépendre de l'arrivée de votre prochain salaire. Il est alors temps de trouver des moyens de faire fructifier votre argent, pour atteindre rapidement la liberté financière.

Toujours est-il qu'il est indispensable de diversifier ses placements et il en existe 4 grands que tout le monde peut mettre en application !

Les 4 grands domaines d'investissement

1°) L'immobilier

Concret, stable, immuable ce qui lui confère une position de choix au moment d'investir son argent. Le problème est que la terre n'est pas illimitée, il n'existe qu'une terre donc agis dès maintenant !

L'immobilier fait peur à de nombreuses personnes. Ces personnes pensent que l'immobilier ne fonctionne pas. Et en effet, l'immobilier est risqué pour les personnes qui ne sont pas formées. Un monsieur a voulu essayer en 2019 en faisant l'achat de deux appartements. Il n'a pas voulu écouter les conseils d'une personne qui avait déjà investi et qui recommandait de ne surtout pas acheter des biens déjà loués. Il a fait qu'à sa tête et au final, par appât du gain il a signé deux appartements qui lui rapportaient 400€ de cashflow net pour un investissement de 80K€.

Il aurait dû se douter de quelque chose pourtant... Il aurait dû être plus attentif aux signes :

- L'ancien propriétaire a baissé de lui-même le prix au tout début de la négociation.
- Il n'a pas pu visiter un des deux appartements.
- Pourquoi vendre un bien qui rapporte du cashflow.
- La locataire en place dans le deuxième appartement avait déjà commencé à le détériorer

La suite c'est qu'à cause de son inexpérience, de sa bêtise de ne pas écouter les conseils et de sa précipitation, il se retrouve avec de gros problèmes. Un locataire qui ne paye plus son loyer depuis plus d'un an et l'autre locataire qui a complètement détruit l'appartement pour ensuite se plaindre au niveau des services sociaux et ainsi obtenir l'insalubrité du logement. Du coup d'un cashflow positif de 400€, il passe à un cashflow négatif de − 200€. Autant dire que ça a freiné son élan direct... et cela l'a mis un coup au moral. Il s'est longtemps remis en question et analysé ce qu'il avait fait de mal. Son échec n'est un échec que s'il abandonne or il voit plutôt ça comme un apprentissage.

Il faut donc chercher à se former pour comprendre les stratégies et à les dupliquer Cela m'a permis d'apprendre à aimer l'immobilier et toutes ses stratégies.

Dans ma quête pour vous fournir les outils les plus puissants en matière d'atteinte de la liberté financière, j'ai exploré en profondeur le vaste monde de l'investissement immobilier. Chaque brique posée dans ce domaine peut être une étape solide vers l'indépendance financière que vous recherchez. Cependant, il y a tellement plus à découvrir qu'il n'est possible de couvrir ici. C'est pourquoi je vous invite à plonger encore plus profondément en explorant mon livre dédié à ce sujet. Dans mon ouvrage précédent sur l'immobilier, j'ai minutieusement décortiqué les stratégies gagnantes, les astuces pour maximiser les rendements et les histoires inspirantes de ceux qui ont réussi à bâtir leur empire immobilier. Si vous cherchez à transformer vos aspirations financières en une réalité tangible, je vous encourage vivement à découvrir comment l'immobilier peut devenir votre allié dans cette aventure passionnante. Rejoignez-moi dans mon livre, où nous franchissons ensemble la porte vers un avenir financier prometteur. Il vous suffira de taper le titre **Gagner sa Vie avec la Pierre: La Stratégie du Rentier** sur Amazon KDP pour l'obtenir au meilleur prix.

2°) Internet et les milliers de business en ligne

Environ 4 milliards de personnes ont accès à internet dans le monde, ce marché a un potentiel énorme ! Disponible 24/24h, 7/7 jours et 365 jours. Il requière très peu de moyen, est relativement économique et aux multiples possibilités.

Il constitue même un tremplin vers d'autres sources d'investissement comme la bourse, la vente, l'achat, la publicité, l'immobilier, etc. Le gros avantage est qu'où que tu sois, tant que tu disposes d'une connexion internet ton business est capable de fonctionner.

Dans mon précédent ouvrage, 'Les Secrets des Business qui Cartonnent', j'ai exploré en profondeur les rouages des entreprises florissantes. Aujourd'hui, dans mon nouveau livre, je vous révèle comment mettre en pratique ces secrets pour générer un revenu mensuel de 10 000 euros, peu importe votre point de départ. L'ère numérique a ouvert les portes à une pléthore de possibilités entrepreneuriales, et j'ai sélectionné les meilleures stratégies qui vous propulseront vers vos objectifs financiers. Si vous aspirez à une liberté financière totale, plongez-vous dans ce guide inestimable et tracez votre voie vers l'indépendance financière grâce aux affaires en ligne.

3°) La Bourse

Investissement incontournable, très redoutée par beaucoup car peu connu, il est fréquent de dire que la bourse est risquée. La bourse génère des milliards d'euros chaque jour, toutes les grandes industries y participent et dans presque tous les pays du monde, une bourse régie les marchés. L'avantage est qu'aussi longtemps que la valeur existe, elle peut rapporter des millions d'euros de bénéfices, largement au-delà de la valeur initiale investie.

Si vous voulez comprendre ce monde, je vous conseille de bien vous former et passez à l'action une fois que vous avez les connaissances qu'il faut. Parallèlement, vous pouvez aussi faire du trading et l'un des ouvrages que je vous recommande est de Alain DELBERT.

4°) Monter son Affaire !

Être propriétaire, engranger de bénéfices économiques relativement élevés en fonction du succès ! Beaucoup de techniques existent pour développer une idée ou monter son « affaire » sans proposer un produit et/ou service hors du commun. L'inconvénient est que la société est en évolution constante, d'où l'intérêt de s'adapter et pourquoi pas, anticiper le progrès. Monter sa propre entreprise requiert plus de temps, d'efforts et d'argent. Néanmoins utiliser internet comme raccourci est un bon moyen de réduire les coûts et mettre ainsi en place une stratégie liée à la deuxième source d'investissement, du 2 en 1 !

En effet, créer son entreprise peut rapporter gros, si vous savez mener votre affaire de main de maître. Bien sûr, cette opération ne s'adresse pas à tout le monde. Être un chef d'entreprise est une affaire de volonté et d'état d'esprit avant tout. Mais si vous avez une idée de produit ou de service à fort potentiel, il peut être judicieux d'investir pour la développer.

Dans quoi investir concrètement pour gagner de l'argent ?

1. Investir dans une SCPI

L'achat et la gestion d'un appartement vous semblent trop contraignants ? Vous pouvez tout de même investir dans l'immobilier grâce aux SCPI. Les Sociétés Civiles de Placement Immobilier sont des sociétés qui utilisent l'argent des personnes achetant des parts (les sociétaires) pour acheter des biens et les louer. Une part des bénéfices leur est ensuite reversée, au prorata de l'argent investi. Les biens étant administrés par une équipe de gérants salariés, vous n'avez à vous occuper de rien.

Il existe plusieurs types de SCPI, chacune spécialisée dans un type particulier de location (bureaux, résidences, etc.). Avec un ticket d'entrée minimum qui se monte en général à quelques milliers d'euro, elles assurent un rendement compris entre 3 et 6 %. Bénéficiant d'une fiscalité avantageuse, elles sont un bon choix pour ceux qui se demandent dans quoi investir sans devoir faire face à d'importantes contraintes.

2. Investir dans un ou des fonds de placement

Les fonds de placement sont, en quelque sorte, à la bourse ce que les SCPI sont à l'immobilier. Ces organismes sont chargés de collecter de l'argent auprès d'investisseurs, qu'ils placent ensuite dans des produits financiers en suivant une stratégie donnée. La rentabilité est fonction des risques pris sur les marchés. Plus le rendement est élevé, plus le risque de perte de capital est important.

Si l'opération peut sembler plus simple que d'acheter des actions, à ceux qui se demandent dans quoi investir, elle nécessite, une fois encore, d'être bien accompagné pour faire son choix. L'offre de fonds de placement étant pléthorique, il est primordial de prendre le temps d'analyser la stratégie et le niveau de risque de ceux qui vous intéressent, et de le faire de façon éclairée.

3. Investir dans des obligations

Au moment de décider dans quoi investir, le marché obligataire est une opportunité à considérer. Une obligation est un titre émis par les États ou les grandes entreprises. Ce coupon de créance leur permet d'emprunter les sommes d'argent dont elles ont besoin sur les marchés financiers. En achetant des obligations, vous prêtez donc de l'argent à leur émetteur de façon indirecte. Vous recevez donc des intérêts en rémunération de ce prêt.

Votre capital vous est ensuite remboursé à l'échéance prévue sur le coupon. Il existe aussi des obligations à perpétuité pour lesquelles aucun remboursement du capital initial n'est prévu. Plus la durée d'une obligation est longue, plus les intérêts perçus sont élevés. En contrepartie, le risque de perte du capital de départ augmente également. Comme pour tout produit financier, pensez à consulter un expert du domaine si vous ne disposez pas des compétences adéquates.

4. Investir dans une assurance-vie

Les contrats d'assurance-vie permettent au souscripteur de constituer une épargne en plaçant de l'argent chaque mois sur un contrat qui regroupe plusieurs produits financiers. Cet argent est généralement bloqué pendant une durée variable, à l'issue de laquelle vous pouvez récupérer votre argent, augmenté des intérêts, en une fois ou sous forme de rente.

Il est également possible de la transmettre à un proche désigné en cas de décès. Il existe plusieurs types de contrats d'assurance-vie, qui n'offrent pas tous le même niveau de sécurité. Les contrats en fonds en euro étant ceux qui possèdent les meilleures garanties. Avec des rendements généralement compris entre 1,8 et 2,5 %, ce placement favori des Français offre une rentabilité tout à fait honorable.

5. Investir dans un Plan d'Épargne Retraite

Le Plan d'Épargne Retraite Populaire (Perp) est un produit d'épargne à long terme qui permet de disposer d'un revenu supplémentaire au moment de la retraite. À partir de 60 ans, il est possible de convertir l'argent présent sur le Perp en rente viagère, éventuellement transmissible au conjoint en cas de décès. Le

Richesseplacé sur le Perp est indisponible durant la phase d'épargne, sauf conditions spécifiques.

Il est également important de savoir que ce dernier n'est pas totalement garanti. Comme pour une assurance-vie, seule la partie en euro est sécurisée. Le Perp peut être une solution intéressante pour investir, mais elle ne correspond pas à tous les profils. Ceux qui sont assurés de disposer de revenus importants au moment de leur retraite peuvent se tourner vers d'autres opportunités.

6. Investir avec un compte à terme

Les comptes à terme sont des produits d'épargne qui peuvent s'avérer des opportunités intéressantes. Leur principe est simple : vous prêtez de l'argent à la banque en le déposant sur un compte bloqué pour une durée déterminée au moment de son ouverture. Moyennant quoi, vous percevez des intérêts. La totalité du dépôt s'effectue à l'ouverture. Il existe des comptes à terme à taux fixe et des comptes à termes à taux progressifs.

Dans ce dernier cas, il augmente chaque trimestre, semestre ou année, selon les termes du contrat. Si vous choisissez de retirer votre capital avant la date prévue, des pénalités sont appliqués par l'établissement de dépôt. Ce type de placement fait partie de la famille des placements à court ou à moyen terme, puisque les durées de placement vont d'un mois à plusieurs années. S'il s'agit d'un produit sûr, qui garantit totalement votre capital, son point faible réside dans sa fiscalité lourde.

7. Investir avec les supers livrets

Depuis quelques années, de nouveaux produits d'épargne sont apparus sur le marché : les supers livrets. Il s'agit de livrets d'épargne non réglementés, pour lesquels les banques proposent des taux d'intérêt très alléchants (entre 3 et 5 % en moyenne).

Cet avantage est concédé pour une durée limitée. Le taux du livret redevient ensuite celui d'un livret classique. Ce type de produit est surtout proposé par les banques numériques, car leurs coûts de structures faibles leur permettent de proposer un rendement plus important. Pour ouvrir un super livret, il n'est pas nécessaire de posséder de compte courant dans la banque en question, ni d'y domicilier ses revenus.

Ils sont également censés être exempts de frais d'ouverture, de clôture et de gestion. Si l'on vous demande de mettre la main au portefeuille, passez votre chemin ! Prenez le temps de comparer les différentes offres et d'analyser le rendement de chaque livret, car les banques sont libres de fixer le taux d'intérêt qu'elles souhaitent. Lire les petites lignes du contrat peut également s'avérer utile. Si les supers livrets sont de bons produits d'épargne complémentaire, ils ne peuvent constituer le cœur d'une stratégie d'investissement.

8. Prêter aux entreprises

Si vous vous demandez dans quoi investir pour devenir libre et riche, alors les prêts aux entreprises peuvent s'avérer très rentables. Il existe pour cela un autre moyen que les obligations dont nous avons parlé plus haut : le crowfunding. Ce moyen de collecter de l'argent apparu avec internet permet aux porteurs de petits projets de demander des fonds à des particuliers ou à d'autres entreprises, moyennant une compensation ou des intérêts. Il existe de nombreuses plateformes spécialisées dans le domaine.

Il est également possible d'entrer directement en relation avec des start-ups à la recherche d'investisseurs et de leur prêter des fonds en échange d'une part du capital de l'entreprise. Si le projet aboutit, le crowfunding peut être une belle opération financière. Il faut toutefois garder à l'esprit qu'il comporte des risques en cas de faillite.

N'investissez donc pas ce moyen que l'argent que vous estimez pouvoir vous permettre de perdre. Soyez aussi vigilant si vous passez par une plateforme, il existe de nombreuses arnaques. Optez donc pour un intermédiaire reconnu sur le marché qui offre des garanties suffisantes et dont le siège social n'est pas situé dans un paradis fiscal, ou en dehors de l'Union européenne.

9. Les prêts entre particuliers

Avec le durcissement de la politique de crédit des banques, le prêt entre particuliers connaît un réel essor ces dernières années. Si vous vous demandez où investir votre capital pour lui donner du sens, sachez qu'il est possible d'aider d'autres personnes à réaliser leur projet, ou à faire face à un coup dur. Le prêt entre particuliers est simple : vous prêtez votre argent à un emprunteur, comme le ferait une banque, et vous percevez des intérêts pour le capital investi.

Si vous craignez le défaut de paiement, sachez qu'il existe de nombreuses plateformes spécialisées, qui se chargent de collecter les fonds et de garantir leur remboursement. La plus connue d'entre elle est Younited (ex Prêt d'Union). Les conditions qu'elle impose pour pouvoir investir lui font parfois préférer ses concurrents, plus souples, mais elle reste tout de même une référence en la matière. S'il est aussi possible de tenter l'aventure sans intermédiaire, sachez que, même avec une reconnaissance de dette en règle, le retour de votre capital à l'échéance est loin d'être garanti.

10.   Investir dans les métaux précieux

Considérés comme des valeurs refuges, les métaux précieux ont toujours attirés les investisseurs. L'or, en particulier, est considéré par beaucoup comme la seule alternative en cas de défaillance du système bancaire. Son cours n'a d'ailleurs cessé de grimper ces dernières années.

Il faut toutefois garder à l'esprit que, contrairement à d'autres types d'investissement, l'or ne rapporte rien en tant que tel. Votre seul espoir, de gagner de l'argent avec ce type de placement est une éventuelle montée des cours dans le futur. En cas de chute de ceux-ci, vous en serez pour vos frais. Il n'est donc pas recommandé d'investir une grande partie de votre capital dans le métal jaune. Il peut être intéressant d'en acheter en vue d'une revente à moyen terme, si le contexte général est favorable, mais il est plus judicieux de privilégier les placements rentables sur le long terme.

11.   Investir dans les œuvres et objets d'art

Avec sa forte croissance, le marché de l'art est plus attractif que jamais pour les investisseurs. Un attrait que sa fiscalité avantageuse ne fait qu'encourager. À raison, car investir dans des œuvres d'art peut rapporter des sommes d'argent non-négligeables, à condition de connaître quelques règles de bases. La première d'entre elles est de s'assurer de l'authenticité et de la traçabilité de l'œuvre en question. Acheter un faux, ou pire, une œuvre volée, vous attirerait de nombreux ennuis.

Si vous voulez réaliser un investissement rentable, limitez-vous aux artistes déjà côtés. Miser sur les jeunes talents est trop risque dans le cadre d'un placement. Prenez le temps de vous renseigner sur le web afin de vous assurer de la côte de l'auteur. Évitez les œuvres en grands formats, plus difficiles à exposer, donc à revendre et n'hésitez pas à négocier les prix. Enfin, assurez-vous de pouvoir conserver vos acquisitions dans un état impeccable, sous peine de les voir se déprécier.

12. Investir dans le vin

Le vin est un autre secteur dans lequel il est intéressant d'investir une partie de votre patrimoine. D'autant plus que la demande en provenance des pays asiatiques ne cesse de croître. Attention toutefois aux arnaques du secteur, comme les caves en lignes qui vous proposent d'acheter des bouteilles et de les stocker pour vous. Si vous n'êtes pas un expert du domaine, faites-vous conseiller pour vos achats. Vous devez également disposer d'un lieu de stockage adapté et sécurisé. Enfin, le vin étant un investissement relativement risqué, ne misez pas sur votre cave de l'argent dont vous ne pouvez pas vous passer.

Avec ces pistes à suivre pour placer votre argent, vous avez toutes les cartes en main pour faire fructifier votre avoir et acquérir la liberté que vous désirez. À vous d'opter pour celles qui correspondent le mieux à votre profil et à la somme que vous souhaitez placer. N'hésitez pas à vous faire aider par un spécialiste de la gestion de patrimoine, qui vous donnera de précieux conseils. Maintenant, à vous de jouer !

Top des métiers et études pour devenir riche

Nous avons listé les quatre principaux domaines dans lesquels il faut investir pour atteindre la liberté financière. Dans cette partie, nous allons évoquer un ensemble de métiers qui pourront vous rapporter gros le plus rapidement possible.

Si vous êtes issu d'une famille aisée qui a des relations haut placées, les choses seront assez simples, car vous pourrez mobiliser vos contacts et votre réseau. Par contre, si vous êtes issu de la classe moyenne ou populaire, alors vous devez vous focaliser sur les jobs où les compétences priment, pas le réseau. Par ailleurs, vous devez être rémunéré en fonction de vos résultats. Cependant, Certains métiers rapportent bien plus d'argent que d'autres.

Voici le panel des métiers les mieux payés lorsque l'on travaille en entreprise.

a. SEO manager

Aussi surnommé magicien du référencement, le SEO manager a le vent en poupe et faire partie de la liste des métiers pour devenir riche. Aujourd'hui, il est indispensable pour les entreprises d'être présentes sur le net. Seulement, être présentes dans les tréfonds du classement Google n'a aucune utilité en termes de rentabilité. C'est ici qu'intervient le SEO manager puisqu'il a pour mission de propulser les entreprises dans les plus hautes sphères du célèbre moteur de recherche.

Selon les dernières estimations, un SEO manager peut gagner jusqu'à 60 000 euros par an.

b. Chief digital manager

Le responsable de stratégies digitales est un atout de choix dans la digitalisation des entreprises. Dans l'économie actuelle, la digitalisation est une étape vitale dans la vie d'une entreprise. Pour conserver leur compétitivité, les entreprises doivent digitaliser leur procédé, leur management, mais également leur modèle financier. Il faut donc qu'elles aient à bord un responsable qui possède à la fois les compétences techniques et managériales nécessaires à cette transition.

Selon les dernières estimations, un chief digital manager peut gagner jusqu'à 320 000 € par an.

c. Directeur de e-commerce

Le directeur de e-commerce est le patron d'un nouveau type de magasin. Avec l'omniprésence du Web dans nos vies, les marques réalisent désormais une grande partie, voire l'intégralité de leur chiffre d'affaires en ligne. Cette stratégie e-commerce doit donc être dirigée par une personne compétente. En effet, il résulte de cette stratégie l'augmentation des parts de marché et l'organisation du site. Le directeur d'un commerce en ligne doit également gérer les approvisionnements, la logistique, mais également la sécurité des transactions financières. Il s'agit donc d'un travail de premier ordre qui peut même parfois créer des milliardaires, à l'instar du créateur et directeur d'Amazon.

Selon les dernières estimations, le directeur d'un e-commerce peut gagner jusqu'à 138 000 € par an.

d. Data protection officer

Le data protection officer est le nouveau gardien des données privées du net. Avec la mise en place de la réglementation générale sur la protection des données, la présence d'un data protection officer est devenue indispensable. Toutes les entreprises qui doivent traiter des données personnelles à grande échelle emploient obligatoirement ce type de responsable. Ce métier (qui a le potentiel de vous rendre riche) demande à la fois une bonne culture juridique, mais également des compétences en cyber sécurité. Polyvalent, le data protection officer a un bel avenir devant lui.

Selon les dernières estimations, le data protection officer peut gagner jusqu'à 70 000 € par an.

e. Ingénieur des systèmes

L'ingénieur des systèmes et des réseaux est le pilier central des télécommunications d'une entreprise. Avec une digitalisation grandissante, les entreprises doivent se mettre au diapason. Cependant, les transitions demandent de nombreuses connaissances techniques. L'ingénieur des systèmes et des réseaux est responsable des systèmes informatiques et des réseaux de télécommunications dans une entreprise. Il est le garant de leur maintenance, mais également de leur évolution. C'est actuellement un des emplois les plus sollicités dans le secteur IT.

Selon les dernières estimations, l'ingénieur des systèmes et des réseaux peut gagner jusqu'à 70 000 € par an.

f. L'UX designer

L'UX designer est le garant du bien-être d'un visiteur sur un site Web. Aujourd'hui, toutes les entreprises possèdent un site Web. Dans un certain nombre de cas, elles ont également un e-commerce. L'expérience utilisateur permet donc de se différencier face à la concurrence. Le confort d'utilisation et la fluidité de navigation dépendent de l'UX designer. Ses compétences sont nombreuses, car il doit connaître le produit, mais également le profil des clients et l'identité de la marque. Son rôle est à la fois essentiel dans les services après-vente, mais également sur les sites administratifs.

Selon les dernières estimations, l'UX designer peut gagner jusqu'à 70 000 € par an.

g. Le juriste en nouvelles technologies de l'information et de la communication

Le juriste en NTIC veille au respect de toutes les questions législatives qui touchent les nouvelles technologies. La multiplication des sites Internet et des technologies modernes amène de nouvelles questions juridiques. La protection des données, le droit des consommateurs ou encore le droit d'auteur font très souvent l'objet de plaintes et de dérives. Qu'il émane d'un cabinet où qu'il soit directement employé par un grand groupe, le juriste en droit des nouvelles technologies de l'information et de la communication apporte son expertise pour régler et prévenir les problèmes. Pour exercer ce métier, le juriste doit posséder une spécialisation dans le domaine. La rémunération peut alors devenir très élevée avec l'expérience.

Selon les dernières estimations, le juriste en NTIC peut gagner jusqu'à 100 000 € par an.

h. Le souscripteur en assurance

Le souscripteur en assurance détermine le droit à être assuré. Peu connu, ce métier pour devenir riche a pourtant le vent en poupe. Son rôle, primordial, consiste à déterminer s'il est profitable à une compagnie d'assurances d'assurer certains clients. Il évalue les risques avant d'accepter ou non de garantir l'assuré. Les souscripteurs en assurance sont régulièrement amenés à se déplacer sur le terrain afin de vérifier les dires des potentiels clients.

Selon les dernières estimations, le souscripteur en assurance peut gagner jusqu'à 75 000 € par an.

i. Le CRM manager

Le CRM manager est responsable de la relation client digitale. Au cœur de la concurrence digitale, c'est souvent la relation client qui permet à une marque de se différencier de la concurrence. C'est également cette relation qui fidélise et conquiert de nouveaux clients. Dans ce cadre, le responsable de la relation client numérique met en place la stratégie de fidélisation, mais également l'amélioration des services suite au retour. Il prend les décisions qui ont un impact sur le conseil client et la création d'ambassadeurs pour la marque. C'est également lui qui dirige le travail des Community managers.

Selon les dernières estimations, les CRM manager peut gagner jusqu'à 65 000 € par an.

j. Le data scientist

Le data scientist est le maître des données d'une entreprise. Le Big Data recèle bien des méandres. S'il permet d'accéder à un nombre important de données, celles-ci doivent être manipulées avec intelligence pour être bien utilisées. En effet, elles aident les entreprises à répondre aux besoins des consommateurs et par voie de conséquence à améliorer leur chiffre d'affaires. Leur maîtrise est donc plus qu'essentielle pour les entreprises présentes sur le Web. Le data scientist a pour mission de récolter et de traiter toutes ces informations. Polyvalent et expert à la fois, le data scientist est aujourd'hui très fortement recherché par les entreprises.

Selon les dernières estimations, le data scientist peut gagner jusqu'à 80 000 € par an.

k. Le trafic manager

Le trafic manager est chargé d'augmenter l'audience et la rentabilité d'un site Web. Avec la concurrence présente sur la toile, il ne suffit plus d'être en ligne pour être visible. En effet, obtenir une audience, nombreuse et qualifiée, requiert le recours à des stratégies et des leviers d'acquisition de trafic. Ce travail est quotidiennement mené par le trafic manager. Il maîtrise correctement les techniques de référencement qu'elles soient payantes ou naturelles. Le trafic manager émane d'une agence ou d'une régie publicitaire. Dans certains cas, les plus grosses entreprises l'emploient à domicile.

Selon les dernières estimations, le trafic manager peut gagner jusqu'à 52 000 € par an.

l. L'actuaire en assurance

L'actuaire en assurance calcule les probabilités de risque. L'actuaire en assurance est un génie des mathématiques et doit donc faire de grande étude pour exercer ce métier pour devenir riche. Il occupe un rôle important dans les sociétés d'assurance et jongle quotidiennement avec les statistiques et les probabilités. Il utilise des calculs complexes pour conseiller le groupe dans ses choix par rapport au risque rattaché au client. Son importance est capitale. Pour exercer cette fonction, l'actuaire en assurance doit obligatoirement être issu d'une filière universitaire ultra spécialisée. Cela lui permet de prétendre à un salaire plus que confortable.

Selon les dernières estimations, l'actuaire en assurance peut gagner jusqu'à 90 000 € par an.

m.   L'architecte logiciel

L'architecte logiciel crée des logiciels sur mesure. À son compte ou au sein d'une entreprise, l'architecte logiciel facilite le travail au moyen de nouveaux programmes informatiques. Un architecte logiciel est avant tout un technicien capable de maîtriser plusieurs langages informatiques. Généralement placé à la tête d'une équipe, il a la lourde responsabilité de concevoir et de mettre en œuvre des logiciels robustes et opérationnels. Il s'agit donc d'une fonction où se mêlent les compétences de management et celles de développeurs.

Selon les dernières estimations, l'architecte logiciel peut gagner jusqu'à 90 000 € par an.

n. Le crédit manager

Le crédit manager, aussi connu sous le nom de cash manager, est le gardien de la sécurité financière d'une entreprise. Issu de hautes études financières, le crédit ou cash manager a pour mission d'améliorer la rentabilité d'une entreprise. Il doit transformer son activité commerciale en une trésorerie sonnante et trébuchante. Cette tâche consiste à s'assurer que les mouvements financiers ne se font pas au détriment du bien-être financier de l'entreprise ou des clients. Il lui incombe ainsi de vérifier la solvabilité des clients, mais également de mettre sur pied des programmes de financement.

Selon les dernières estimations, le crédit manager peut gagner jusqu'à 75 000 € par an.

o. Le responsable de la conformité

Le responsable de la conformité s'occupe de la légalité des flux financiers intervenant dans une entreprise. Avec l'émergence des marchés internationaux, les flux financiers sont devenus de plus en plus complexes. Le responsable de la conformité est un garde-fou prisé par les entreprises puisqu'il vérifie la conformité des flux financiers, mais également le respect des lois fiscales. Il permet donc aux entreprises de se prémunir contre toute sorte de délits financiers dont notamment le blanchiment et la fraude fiscale. Son rôle consiste à analyser le bon respect des règles fiscales de son entreprise, mais également des institutions auxquelles elle fait appel.

Selon les dernières estimations, le responsable de la conformité peut gagner jusqu'à 100 000 € par an.

p. Négociant en matières premières

Le négociant en matières premières, aussi appelé acheteur en matières premières, trouve des fournisseurs attractifs pour les entreprises. Au fil du temps, des instabilités politiques et des crises financières, l'approvisionnement en matières premières est devenu primordial, car parfois problématique. Le négociant en matières premières occupe donc un poste stratégique puisqu'il négocie des matières premières à un bon prix. Cela permet à l'entreprise pour laquelle il travaille d'augmenter sa marge bénéficiaire. Ses compétences sont à la fois financières, mais également psychologiques et langagières. En effet, les meilleurs fournisseurs sont bien souvent à l'étranger.

Selon les dernières estimations, le négociant en matières premières peut gagner jusqu'à 75 000 € par an.

q. Le directeur artistique Web

La profession de directeur artistique du Web s'approche étrangement de celle de Web designer. Le directeur artistique du Web est bien souvent un travailleur indépendant. Cependant, certains occupent un travail en entreprise. Ils conçoivent des projets Web du début à la fin. Ils sont donc à la fois chef de projet, mais également Web designer. De manière générale, directeur artistique

Web dans une agence Web ou une agence de communication digitale.

Selon les dernières estimations, le directeur artistique Web peut gagner jusqu'à 65 000 € par an.

r. Le responsable fiscal

Le responsable fiscal veille à la droiture de la fiscalité d'une entreprise. Véritable spécialiste des impôts, et stratège du droit fiscal, le responsable en fiscalité est chargé de toutes les questions comptables d'une entreprise. Il doit s'assurer du bon respect des législations fiscales en vigueur, mais également d'opter pour les meilleurs montages visant à réduire l'imposition. Le responsable fiscal maîtrise parfaitement le droit financier et le droit des impôts. Il s'agit d'un des métiers pour devenir riche et qui a le plus d'opportunités d'avenir.

Selon les dernières estimations, le responsable fiscal peut gagner jusqu'à 109 000 € par an.

s. Le responsable en sécurité informatique

Le responsable de la sécurité informatique veille à la protection des réseaux informatiques d'une entreprise ou de particuliers. Depuis une décennie environ, les réseaux informatiques ne cessent de s'étendre. Il en résulte un nombre bien plus grand de menaces. La dépendance des entreprises est également plus forte par rapport au parc informatique. La sécurité, notamment vis-à-vis des pirates, n'est donc plus une option. Le responsable de la sécurité informatique est donc le protecteur face au risque d'attaque. Il rend le système informatique le plus imperméable possible pour limiter les risques d'intrusion. Il est également le stratège des processus de sécurisation.

Selon les dernières estimations, le responsable en sécurité informatique peut gagner jusqu'à 100 000 € par an.

t. Le responsable de maintenance

Le responsable de maintenance s'assure de la fiabilité de la production d'une entreprise. Le responsable de maintenance peut être assimilé à l'ingénieur de qualité. Il est responsable du travail d'une équipe, de ses résultats, mais également du respect des consignes de sécurité. C'est un pion majeur des productions industrielles. Ce métier pour devenir riche fait partie des plus dynamiques chez les ingénieurs.

Selon les dernières estimations, le responsable de maintenance peut gagner jusqu'à 75 000 € par an.

De nombreux métiers et de nombreuses filières mènent donc à un avenir professionnel prolifique. Attention cependant à ne pas se laisser éblouir par les chiffres. On ne devient performant dans un métier qu'à partir du moment où il nous plaît.

Top des métiers les mieux payés au monde

Si certains métiers font rêver par leur côté glamour, d'autres attirent de grands espoirs de fortune. Alors, voici d'autres métiers les mieux payés au monde. Si certains métiers font rêver par leur côté glamour, d'autres attirent de grands espoirs de fortune.

a. Médecin

Depuis toujours, la médecine est une branche d'où se dégagent de bons salaires. Cependant, des disparités relativement importantes subsistent entre les différents types de médecins. Le généraliste ou médecin de famille est le moins bien fourni côté financier alors que les spécialistes tirent bien souvent de meilleurs profits. La palme revient néanmoins aux chirurgiens spécialisés qui a un des métiers les mieux payés au monde que ce soit en France, au Québec ou même aux États-Unis. Toutes disciplines confondues, les médecins gagnent en moyenne 196 576 € par an.

b. Gérant de pharmacie

Le gérant en pharmacie possède une multitude de fonctions, ce qui, sans doute, explique ses revenus plus que confortables. Outre l'aspect pharmaceutique à proprement parlé, il est aussi un conseiller auprès de la clientèle. Parmi ses affectations se comptent aussi la gestion de stock, la gestion du personnel et bien évidemment la comptabilité et les papiers administratifs.

Pour toutes ces fonctions, un gérant de pharmacie perçoit en moyenne 121 385 € par an.

c. Architecte logiciel

L'architecte logiciel est un professionnel responsable de la création des modèles d'architecture dans un ou plusieurs composants informatiques. Son travail consiste donc à vérifier la solidité et la conception intelligente de la structure d'un logiciel. Il participe également à la supervision et au développement des supports techniques.

Pour toutes ces fonctions, l'architecte logiciel perçoit en moyennes 121 213 € par an.

d. Responsable de développements logiciels

Le responsable de développement logiciel est également appelé chef de projet en développement logiciel. C'est lui qui est chargé de mener à bien les projets de création de logiciels informatiques. En dehors de l'aspect technique, ce professionnel multitâche doit également gérer l'aspect clientèle, mais également faire preuve d'une grande capacité de gestion et d'écoute. Il suit le projet depuis sa négociation avec le client jusqu'à la finalisation complète.

Pour ce travail de longue haleine, le responsable de développements logiciels perçoit un salaire annuel d'environ 114 629 €.

e. Directeur des finances

Le directeur des finances a une place essentielle auprès du PDG. Il est en effet le garant d'une gestion financière saine et efficace pour l'entreprise. En général, le métier de directeur des finances s'articule autour de la gestion de la trésorerie, des analyses financières ainsi que des stratégies économiques à mettre en place. Concrètement, le directeur financier est responsable des équilibres économiques de l'entreprise. Les directeurs financiers ont une lourde tâche. Celle-ci est notamment récompensée par un salaire moyen de 141 448 € par an. Il s'agit donc d'un des métiers les mieux payés au monde.

f. Architecte de solutions

L'architecte de solutions a pour mission de conseiller les entreprises dans leurs projets de transformation des systèmes d'information. Concrètement, l'architecte de solutions détermine la faisabilité technique d'un projet et ses risques. Il accompagne les équipes commerciales dans la rédaction du projet, analyse de la solution globale, conçoit le chemin à suivre et pilote l'équipe de développements. À la croisée de nombreux métiers, l'architecte de solutions peut envisager un salaire moyen de 112 583 € par an.

g. Avocat

Le métier d'avocat connaît des disparités importantes au niveau des salaires. En effet, le métier comporte de nombreuses spécialisations qui ne sont pas toutes rémunératrices. Parmi les spécialités du droit les plus connues, il y a les avocats des familles, les avocats d'affaires et bien évidemment les avocats spécialisés dans le droit pénal. Ce sont ceux-ci qui perçoivent en général les plus gros salaires.

D'une manière générale, les avocats, toutes spécialités confondues, peuvent espérer un revenu de 111 565 € par an.

h. Responsable d'analyse

Le responsable d'analyse à la lourde tâche de planifier et coordonner les différentes phases d'un processus en répartissant les tâches au sein d'une ou plusieurs équipes. Il a pour mission de faire respecter les délais, la qualité et les coûts. Son poste est essentiel au sein d'une entreprise, car les produits doivent être en équilibre avec les besoins des consommateurs. Le responsable d'analyse a donc comme responsabilité de limiter au maximum le risque d'échec d'un produit.

Pour son travail, le responsable d'analyse peut espérer percevoir en moyenne 107 201 € par an.

i. Responsable informatique

Le responsable informatique doit posséder à la fois les compétences d'un technicien et celles d'un manager. En effet, le responsable informatique élabore la gestion et la coordination du ou des services informatiques d'une entreprise. Il définit les budgets et gère les moyens humains et matériels. Pour cela, il doit également être un excellent technicien puisqu'il doit maîtriser l'environnement informatique de l'entreprise tout en étant capable de le faire évoluer au rythme des nouvelles technologies.

Le responsable informatique peut espérer recevoir un salaire moyen de 107 124 € par an.

j. Administrateur fiscal

La fonction d'administrateur fiscal est bien souvent confondue avec celle de contrôleurs fiscaux. Pourtant, si les 2 fonctions sont interdépendantes, il s'agit bien de choses différentes. L'administrateur fiscal est la personne qui planifie et administre la comptabilité en vue de réduire le fardeau fiscal des entreprises ou des particuliers. Il permet donc à l'entreprise de se conformer aux obligations fiscales afin justement de ne pas avoir de soucis avec le contrôleur fiscal.

Pour ce travail, l'administrateur fiscal peut espérer recevoir en moyenne un salaire de 106 510 € par an.

k. Pharmacien

Le pharmacien d'officine délivre les produits prescrits par les médecins. Il veille à détecter les éventuelles incompatibilités. Son rôle cependant est plus large avec une mission de conseil et de prévention médicale. Il est également habilité à réaliser des préparations spécifiques.

Pour son travail, le pharmacien d'officine perçoit un salaire moyen de 106 295 € par an.

l. Chef de produit

Le chef de produit fait partie d'une équipe sous la responsabilité d'un directeur marketing : il est responsable du développement d'un produit ou d'une gamme de produits. Il suit donc le projet depuis sa conception jusqu'à sa commercialisation. Il doit également adapter le produit ou la gamme de produits à l'évolution du marché.

Pour son rôle central, chef de produit perçoit un salaire moyen de 105 612 € par an.

m. Adjoint au médecin

L'adjoint au médecin est un professionnel de la médecine qui pratique son métier en collaboration ou sous la supervision indirecte d'un médecin chevronné. Il peut donc pratiquer les gestes médicaux classiques. Le métier d'adjoint au médecin est relativement peu connu, mais essentiel, notamment dans les structures hospitalières. Cependant, il peut également exercer auprès d'un médecin libéral.

D'une manière générale, l'adjoint au médecin perçoit un salaire de 102 751 € en moyenne par an.

n. Gestionnaire de la chaîne d'approvisionnement

Le gestionnaire de la chaîne d'approvisionnement a pour mission d'organiser, gérer et coordonner les flux de stocks de marchandises au sein de l'entreprise. Pour cela, il s'appuie sur les prévisions des ventes.

Le gestionnaire de la chaîne d'approvisionnement perçoit en moyenne un salaire de 98 824 € par an.

o. Scientifiques des données

Le métier de scientifique des données est relativement neuf. Il s'agit d'une fonction hybride entre programmateurs et analystes de données. Il s'agit donc d'un métier numérique qui a pour cœur l'extraction de connaissances à partir de données internes et externes.

Le scientifique des données perçoit un salaire moyen de 97 675 € par an ce qui en fait un des métier les mieux payés.

p. Ingénieur sécurité informatique

L'ingénieur en sécurité informatique a pour mission de garantir la disponibilité du système informatique et la protection des données. Concrètement, il assure la protection contre les virus les intrusions et les erreurs de manipulation. C'est également lui qui est appelé dans les interventions d'urgence en cas de panne informatique.

L'ingénieur en sécurité informatique perçoit en moyenne 95 189 € par an.

q. Responsable du contrôle qualité

Le responsable du contrôle qualité a pour mission de définir et de mettre en œuvre les techniques du contrôle qualité afin de vérifier la conformité des produits et des services.

Pour son rôle central, le responsable du contrôle qualité peut espérer gagner environ 93 886 € par an en moyenne.

r. Ingénieur en matériel informatique

L'ingénieur en matériel informatique est le garant du bon fonctionnement du matériel informatique d'une entreprise. Il gère les réseaux internes et participe au dépannage et à la réparation des outils informatiques.

L'ingénieur en matériel informatique perçoit un salaire moyen de 97 720 € par an.

s. Directeur marketing

Le directeur marketing définit la politique commerciale de l'entreprise. Il travaille en étroite collaboration avec les directeurs financiers et les directeurs techniques.

Pour ce travail, le directeur marketing perçoit un salaire moyen de 92 850 € par an.

t. Administrateur de base de données

L'administrateur de base de données est le responsable du bon fonctionnement des serveurs de bases de données. Elle s'agisse autant au niveau relationnel qu'au niveau décisionnel.

L'administrateur de bases de données peut espérer percevoir un salaire moyen de 90 094 € par an.

u. Concepteur de logiciel

Comme le dit parfaitement l'appellation du métier, le concepteur de logiciels conçoit des logiciels. Il peut soit travailler seul et être le seul garant du développement ou partager la responsabilité avec une équipe.

Le concepteur de logiciels perçoit en moyenne un salaire de 89 748 € par an.

v. Responsable des ressources humaines

Le responsable des ressources humaines est la personne de référence pour la gestion du personnel. Il est responsable de l'embauche des nouveaux collaborateurs tout autant que des bonnes relations de travail à l'intérieur de l'entreprise.

Le responsable des ressources humaines perçoit un salaire moyen de 89 357 € par an.

w. Ingénieur logiciel

L'ingénierie logicielle est en charge de la programmation et de l'intégration des logiciels. Il est également le garant de son maintien en condition opérationnelle.

L'ingénieur au logiciel gagne en moyenne 80 345 € par an.

x. Gestionnaire en développement d'entreprise

Le gestionnaire en développement d'entreprise est responsable de la bonne croissance d'une entreprise. Il travaille en étroite collaboration avec les différents directeurs généraux.

Le gestionnaire en développement d'entreprise peut espérer gagner un salaire moyen de 88 174 € par an.

y. Ingénieur commercial

L'ingénieur commercial possède à la fois une casquette technique et une casquette commerciale. C'est lui qui fait le lien entre les responsables techniques, les responsables financiers et les clients.

L'ingénieur commercial, parfois également appelé ingénieur de gestion, peut espérer un salaire moyen de 84 261 € par an.

Chapitre 4 : En combien de temps atteindre la liberté financière ?

Vous vous demander maintenant combien de temps cela va vous prendre pour atteindre votre liberté financière.

En réalité, cela dépend de biens de choses mais en particulier de Toi, des décisions prises maintenant et ta discipline.

1. Liberté financière : le facteur déterminant

Nous avons vu dans les chapitres précédents comment atteindre la liberté financière et comment définir les objectifs financiers grâce à la règle des 4%. En sachant cela, et en connaissant le rendement que vous pouvez obtenir en investissant en Bourse, il est très simple d'en déduire le temps qu'il va vous falloir pour acquérir une certaine somme. Votre liberté financière dépend ici uniquement de votre taux d'épargne, en pourcentage de vos revenus.

Cela paraît évident, si vous mettez 0% de vos revenus de côté, vous travaillerez théoriquement pour toujours. Alors que si vous épargnez 100% de ce que vous gagnez, cela veut dire que vous n'avez pas besoin de votre salaire pour vivre, vous êtes donc libre financièrement.

Pour ce qui nous intéresse, vous vous trouvez certainement entre ces deux extrêmes. Voyons ensemble combien de temps il vous faudra pour atteindre votre objectif de liberté financière.

Les mathématiques derrière la liberté financière

Partons de ce que l'on sait :

- Les marchés boursiers montent de 7% par an en moyenne.
- La règle des 4% permet de conserver son portefeuille pour toujours

<u>Exemple avec un profil standard</u>

Prenons l'exemple de Marie qui gagne 2000€ net par mois, soit 24 000€ par an. Marie met de côté 1000€ par mois, soit 50% de ce qu'elle gagne. Autrement dit, si Marie peut placer 1000€ par mois, cela veut dire qu'elle n'a besoin que de 1000€ par mois pour vivre, puisqu'elle gagne 2000€. Elle a donc besoin que ses investissements lui fournissent 12 000€ par an pour atteindre sa liberté financière. Elle doit alors pouvoir retirer environ 17 150€ de son portefeuille d'investissement par an (12 000€ net + 5150€ d'impôts – prélèvement forfaitaire unique de 30% -).

Grâce à la règle des 4%, on sait que cela équivaut à un portefeuille d'une valeur de 428 750€. On sait aussi que Marie investit 12 000€ par an à un taux de 7%. Avec ces éléments et un rapide calcul, on en déduit que Marie atteindra sa liberté financière en un peu moins de 18 ans. En effet, un investissement de 12 000€ par an à 7% de rendement produit un portefeuille de 436 550€ en 18 ans.

Liberté financière : fonction du taux d'épargne

Si on regarde les calculs de plus près, on se rend compte que tout n'est qu'un pourcentage du revenu. En effet, le pourcentage d'épargne indique ce que l'on dépense mais aussi ce que l'on peut placer. En plaçant ses économies à 7% dans l'objectif de satisfaire la règle des 4%, on en déduit la durée nécessaire pour atteindre son objectif. Pour simplifier et si vous ne deviez retenir qu'une seule chose : qu'importe le revenu, seul le taux d'épargne compte.

En effet si Pierre gagne 5000€ par mois et qu'il met 50% de côté, il mettra lui aussi 18 ans à atteindre sa liberté financière. Puisque s'il met 50% de côté, c'est qu'il a « besoin » du reste pour vivre. Par contre, à 5000€ par mois, Pierre aura une plus grande marge de manœuvre pour réduire ses dépenses et ainsi être libre financièrement bien plus tôt.

Pour vous permettre de vous situer, voici les hypothèses très raisonnables que vous devez considérer pour estimer le nombre d'années nécessaires pour être libre financièrement en fonction de votre taux d'épargne.

- 7% de rendement annuel moyen, ce qui est le taux de rendement moyen de la Bourse dans son ensemble.
- Règle des 4% appliquée après un impôt sur capital de 30%, ce qui est le maximum.
- Les « retraités » dépenseront toujours autant.

Épargner : le nerf de la guerre

Pour être indépendant financièrement en 10 ans, il faut soit :

- Epargner 70% de ses revenus pour un rendement de 7%,

- Epargner 60% de ses revenus pour un rendement de 15%.

Or il est beaucoup plus simple d'épargner 10% de plus que de doubler les rendements de ses investissements.

Par ailleurs, apprendre à épargner plus à deux effets qui se composent entre eux :

- Vous pouvez investir beaucoup plus,
- Vous aurez besoin de moins investir pour atteindre votre liberté financière (puisque vous pouvez vivre avec moins)

À l'inverse, lorsque l'on épargne peu, le cumul des investissements grossit très faiblement chaque mois ET il faut investir bien plus pour pouvoir subvenir à ses besoins. C'est pourquoi dans les faibles taux d'épargnes, épargner un petit peu plus fait gagner de nombreuses années. Pour les faibles revenues, couper quelques dépenses non nécessaires peut permettre d'épargner 15 à 20% de plus sur ses revenus. Cela peut ainsi diviser par deux le temps nécessaire pour atteindre l'indépendance financière.

L'indépendance financière en 10 ans

Il n'est pas simple d'être libre financièrement en 10 ans, tout le monde le serait si c'était le cas. Les plus pessimistes d'entre vous diront sûrement que c'est impossible. Mais c'est pourtant réalisable.

C'est maintenant à vous de vous fixer vos propres objectifs, en fonction de vos envies et de vos aspirations.

2. Suivez le processus du code A.G.I.R

La phase d'apprentissage doit vous permettre de développer des compétences. Vous devez avoir un objectif précis en apprenant. Cet objectif, c'est de gagner beaucoup plus d'argent. Vous devez être très pragmatique. Si vous voulez devenir libre financièrement, vous devez tout mettre en œuvre pour le devenir. Arrêtez d'écouter ceux qui veulent vous décourager. Ça ne vous apportera pas grand-chose.

Encore une fois, si votre objectif est de devenir libre financièrement le plus rapidement possible, vous devrez rechercher un job qui vous permettra de gagner le plus d'argent possible en un laps de temps très court.

Il est tout à fait possible de devenir libre financièrement en 5 ou 10 ans – ou pourquoi pas, 20 ans. Peu importe, le plus important pour vous est d'avoir une idée précise sur la date butoir. Le fait d'avoir une date butoir va énormément vous aider à réaliser votre objectif. Par ailleurs, cela vous permettra d'opter pour les bonnes stratégies. Si vous recherchez votre liberté financière dans 5 ans il faudra adopter une stratégie plus agressive. Si vous avez un peu plus de temps et si vous vous donnez 15 à 20 ans il y aura d'autres stratégies beaucoup plus tranquilles.

Chaque personne a sa propre personnalité et ses propres attentes. Il ne sert à rien d'imposer une seule manière de procéder, mais plusieurs pistes. À vous de choisir celle qui colle le mieux à votre personnalité. Si vous êtes satisfait par votre situation actuelle, pas la peine d'opter pour un métier très rémunérateur. Certaines stratégies vous permettront d'atteindre vos objectifs sans énormément de stress. Par contre, si vous démarrez de zéro et que vous voulez atteindre vos objectifs le plus rapidement possible, vous devrez travailler dur et exercer un métier rémunérateur.

Partie C : Le mindset de la liberté financière

La liberté financière commence lorsque vos dépenses diminuent et vos sources de revenus augmentent ! Vous pouvez être incollable en gestion patrimoniale et connaître les meilleurs placements, vous ne parviendrez pas atteindre la liberté financière sans adopter de bonnes habitudes. Et si vous repreniez le contrôle de vos finances dès maintenant ? La diminution de vos dépenses est certainement la première étape indispensable pour reprendre le contrôle de votre avenir financier, aussi l'augmentation de vos sources de revenus. Et cela ne veut pas forcément dire que vous allez devoir vous serrer la ceinture. Si vous lisez les pages jusqu'ici alors c'est le moment de découvrir le mindset de la liberté financière.

Chapitre 1 : Reconsidérer sa manière de penser et d'agir

Chaque être humain change sans cesse à mesure que le temps et l'expérience modifient peu à peu son corps et sa façon d'être. La question n'est pas de savoir si nous changeons, c'est une évidence. Demandons-nous plutôt : à côté des changements que nous subissons malgré nous, du fait de l'environnement et du temps, dans quelle mesure sommes-nous libres de changer ? Avons-nous le choix d'évoluer dans le sens que nous jugeons souhaitable ? Si l'homme possède une marge de manœuvre pour changer volontairement, il faut reconnaître qu'elle est étroite. Changer, cela s'apprend. Si vous voulez vous considérer comme des gens en quête de liberté financière, vous devez avoir le mindset qu'il faut.

Le bon état d'esprit

Le conseil indispensable que vous devez garder, c'est d'adopter l'état d'esprit de ceux qui réussissent. La différence entre le succès et l'échec tient à la manière de penser différente que développent les personnes à succès. Là où les pauvres passent leur temps à se plaindre, à voir partout des obstacles et à accuser les autres de leurs échecs, elles pensent de façon positive, voient des opportunités et prennent leur vie en main.

Pour analyser la façon de penser des riches, étudiez le parcours des entrepreneurs à succès, mais aussi celui des grands personnages de l'Histoire, à l'image de Napoléon Bonaparte et des hommes politiques. Lisez leur biographie, regardez des documentaires de qualité et tirez-en les enseignements nécessaires. Attachez-vous à penser de façon toujours positive. Là où les autres voient un obstacle, vous devez voir mille opportunités de le franchir. Au lieu de vous concentrer sur le problème, cherchez toujours la solution. Lorsque cette façon de penser deviendra une seconde nature, vous serez sur le bon chemin.

Détachez-vous du regard des autres

Vouloir accéder à l'indépendance financière, c'est s'exposer au regard des autres. Certaines personnes seront admiratives et vous soutiendront dans votre projet, mais vous devez avoir conscience que ce ne sera pas le cas de la majorité. De nombreuses personnes, y compris des proches, essaieront de vous décourager. Ils critiqueront vos aspirations, se moqueront de vous et feront tout leur possible pour vous décourager.

Sous prétexte de vouloir vous protéger, ils expriment en réalité leur frustration de vous voir faire ce qu'ils s'interdisent ou n'ont pas le courage d'accomplir. Pour réussir, détachez-vous de regard des autres. Ne cherchez ni à leur plaire, ni à leur prouver quoi que ce soit. Concentrez-vous uniquement sur votre objectif. Délaissez la compagnie des personnes négatives et créez des liens avec ceux qui ont une démarche similaire à la vôtre. Prendre le contrôle de votre vie, c'est aussi décider des personnes que vous admettez dans votre entourage.

Faites de la sobriété un style de vie

Une gestion draconienne de vos finances est un point essentiel pour réussir à atteindre la liberté financière. Si vous ne parvenez pas à ordonner le budget de votre ménage, vous ne parviendrez pas à le faire avec des sommes plus importantes. Pour ce faire, il est primordial de réduire vos dépenses au maximum et de vous concentrer sur l'essentiel. Cela implique de devoir renoncer à de menus plaisirs, mais c'est pour bâtir un avenir meilleur. La société de consommation nous pousse à acheter toujours davantage, quitte à devoir nous endetter pour acquérir des biens dont l'utilité est discutable. Si vous suivez ce mouvement, vous resterez pauvre. Érigez plutôt la sobriété en style de vie et apprenez à vous contenter du nécessaire. Vous réaliserez vite que rien ne vous manque, en réalité. Considérez chaque euro économisé comme un pas supplémentaire vers votre réussite. Vous vous prendrez rapidement au jeu.

Ne vous concentrez pas sur l'argent

Pour gagner de l'argent et atteindre la liberté financière, ne vous concentrez pas sur l'argent. Cela peut paraître paradoxal, mais si vous cherchez uniquement le moyen d'avoir plus d'argent, vous risquez de ne jamais parvenir à en gagner durablement. Pour avoir de la richesse, il faut apporter de la valeur aux autres. C'est sur cette création de valeur que vous devez vous concentrer. Votre principal souci doit être de répondre à un besoin important, partagé par un grand nombre de gens. Si vous devenez quelqu'un de valable, dont les compétences sont utiles aux autres, l'argent viendra à vous de lui-même. Charge à vous ensuite de savoir développer votre activité en trouvant de nouvelles façons d'aider les autres.

Travaillez plus que vous n'êtes payé

La différence entre ceux qui ont réussi à atteindre la liberté financière et ceux qui sont encore prisonniers du salariat, c'est que seuls les seconds travaillent pour l'argent. Pour connaître la richesse, vous ne devez pas vendre votre temps, mais décorréler la valeur de ce que vous produisez du temps passé à le produire. En contrepartie, vous devez être prêt à travailler sans compter vos heures au début. Considérez chaque effort fourni comme un investissement pour le futur. Donnez-vous sans compter et soyez certain que votre attitude finira par payer. Contrairement aux salariés qui se contentent de fournir un petit effort chaque jour pour le reste de leur vie, les riches acceptent de fournir de gros efforts dans le présent pour s'assurer un futur paisible. Soyez fier de travailler pour vous et non pour un autre. C'est de cette manière que vous serez vraiment libre.

Développez un projet à la fois

Quand on se lance sur le chemin de l'indépendance financière, on a souvent de nombreux projets en tête. Tous les moyens semblent bons pour gagner de l'argent, le cerveau tourne à plein régime et notre enthousiasme nous porte à croire que nous pouvons tout gérer en même temps. Le problème, c'est que mener plusieurs projets de front demande beaucoup d'énergie. Vous courez le risque de vous disperser et de ne mener aucune de vos entreprises à terme. L'une des clés de votre réussite, c'est de gérer un seul projet à la fois. Notez les autres dans un cahier, vous aurez tout le temps d'y revenir plus tard, quand vous aurez concrétisé celui sur lequel vous travaillez en ce moment. Ainsi, vous pourrez diriger tous vos efforts dans une seule et unique direction. Lorsque vous serez plus expérimenté, vous aurez tout le loisir de gérer plusieurs affaires.

Entourez-vous des bonnes personnes

Pour atteindre la liberté financière, il n'est pas forcément nécessaire d'être un génie, ni même d'être plus compétent que les autres. À titre d'exemple, Steve Jobs était un informaticien moyen dont les compétences en électroniques n'avaient rien d'extraordinaire. En revanche, il avait un don pour détecter le potentiel des produits et des gens. Il a su s'entourer des bonnes personnes pour développer sa vision et l'aider à la concrétiser. À l'image de celles et ceux qui ont réussi, vous devez apprendre à repérer les bonnes personnes, celles qui ont des choses à vous apporter. Recherchez leur compagne, impliquez-les dans vos projets et appuyez-vous sur leurs compétences. Comme le dit un adage connu : « Seul, on va plus vite, ensemble, on va plus loin. ». Gardez toujours le contrôle sur tout ce que vous entreprenez, mais composez une équipe avec laquelle avancer.

Soyez audacieux et créatif

Si vous faites les choses comme la majorité des gens, vous obtiendrez les mêmes résultats qu'eux. Autrement dit, vous aurez des résultats médiocres. Pour atteindre la liberté financière, faites preuve d'audace et de créativité. Partez du principe que si vous ne tentez rien, vous n'obtiendrez rien. Osez donc ce que les autres n'osent pas. Inspirez-vous des personnes à succès, mais sans chercher à les copier trait pour trait. Si les gens ont le choix, ils préféreront toujours l'original à la copie. Faites apparaître votre patte, votre touche personnelle dans tout ce que vous faites. C'est ainsi que vous pourrez vous démarquer et faire la différence. Si vous parvenez à allier audace et créativité, vous ouvrez en grand les portes du succès.

Repoussez vos limites

Un autre conseil pour atteindre la liberté financière : repoussez vos limites en vous lançant des défis régulièrement. Chaque fois que vous réussissez à atteindre un objectif, félicitez-vous, puis réfléchissez à la meilleure manière d'aller plus loin. Si vous vous endormez sur vos lauriers, vous finirez fatalement par régresser. Pour conquérir votre liberté et la conserver, sortez de votre zone de confort. Osez penser plus loin et voir plus grand. Bien sûr, il n'est pas question de prendre des risques inconsidérés, ni de vous lancer dans des projets irréalistes. Seulement de chercher à chaque fois comment faire un pas de plus. Cette façon de penser est celle des riches et de toutes les personnes à succès.

Osez passer à l'action

C'est peut-être le conseil le plus important de cet article : pour atteindre la liberté financière, osez passer à l'action ! Vous pouvez avoir toutes les astuces, tous les conseils et toutes les opportunités du monde, si vous n'agissez pas il ne se passera rien. Le moment de poser la première pierre de votre projet est le plus intimidant, mais vous devez absolument surmonter cette peur pour réussir. De nombreuses personnes ont tout pour réussir et ne parviennent jamais à atteindre leur objectif, car elles se contentent de parler sans jamais rien faire de concret. C'est le pire travers dans lequel vous pouvez tomber. Ne passez pas à côté de votre vie, vivez vos rêves. Cela implique de prendre des risques, mais c'est la seule façon d'obtenir ce qui en vaut vraiment la peine.

Diversifiez vos sources de revenu

Un conseil avisé pour parvenir à la liberté financière : diversifiez vos sources de revenus. Il est possible de connaître l'abondance financière avec un seul type de rente. Mais ce modèle n'est pas optimal pour votre sécurité. Si jamais la source de vous subsides vient à se tarir, vous pouvez vous retrouver dans une situation très délicate sur le plan financier. Diversifier vos rentrées d'argent, c'est vous prémunir efficacement contre le risque de défaillance. La baisse d'une partie de vos revenus aura moins d'impact, puisque vos autres sources de revenus prendront le relais. Cette logique est valable aussi bien pour les investisseurs que pour les entrepreneurs. Même si votre entreprise est florissante, vous n'êtes pas à l'abri d'un revers.

Développez sans cesse votre patrimoine

Encore un conseil pour atteindre la liberté financière qui s'applique aussi bien au monde de l'entreprenariat qu'à celui de l'investissement : cherchez toujours à faire grandir votre activité. Si vous avez créé une société, développez là dès qu'elle est suffisamment stable pour passer au niveau supérieur. Ne vous contentez pas de vos acquis, sous peine de voir les autres vous dépasser impitoyablement. Idem pour votre patrimoine. Faites-en sorte de l'accroître dès que vous le pouvez. Réinvestissez-y la totalité de vos bénéfices. Vous aurez ainsi un important levier de croissance. Restez informé des évolutions de votre secteur. N'hésitez pas à vous séparer de certains actifs en perte de vitesse pour réinvestir dans d'autres, plus rentables. Dans un monde en perpétuel mouvement, rester statique équivaut à reculer, ne l'oubliez pas !

N'abandonnez pas avant d'avoir réussi !

Dernier conseil pour atteindre la liberté financière, et non des moindres : n'abandonnez pas avant d'avoir atteint votre objectif. La seule différence entre le succès et l'échec, c'est la persévérance. La plupart des grandes réussites sont précédées d'une série d'échecs. Apprenez de vos erreurs, ne vous découragez pas et essayez encore et encore. Faire preuve d'une détermination sans faille est toujours payant sur le long terme. Souvenez-vous que, les difficultés d'aujourd'hui seront de bons souvenirs plus tard, lorsque vous aurez réussi.

Habitudes pour votre productivité

Les habitudes ci-dessous vous permettront d'être plus productif,

1. Fixez-vous des objectifs : la plus grande erreur est de faire quelque chose sans vraiment savoir pourquoi. Votre objectif final est peut-être de créer votre société, mais chaque action exécutée doit répondre à un objectif à court terme.

2. Fixez-vous par exemple de créer 3 produits ou services, et de fournir un service client irréprochable. Mettez des jalons sur votre parcours. Vous aurez l'impression d'avancer plus vite vers l'objectif à long terme.

3. Répétez vos objectifs : il ne s'agit pas des bonnes résolutions de janvier qui tombent dans l'oubli trois mois plus tard (et encore). On parle ici d'objectifs de vie. Ceux qui vous guident au quotidien.

4. Le matin, avant de commencer votre journée, regardez-vous dans le miroir, répétez vos objectifs trois fois et écrivez-les sur un post-it que vous collerez dans un endroit visible au quotidien.

5. Visez la lune : prenez l'habitude de voir grand et loin. Marc Andreessen voyait déjà 6 ans plus loin

lorsqu'il a créé le cloud. À l'époque, ce concept paraissait absurde. Mais qui, aujourd'hui, n'utilise pas de cloud ? Soyez visionnaire : les objectifs n'ont pas le droit d'être timides.

6. Utilisez la méthode des 10 fois : si vous avez du mal à voir grand, multipliez simplement par dix votre but. Voyez dix fois plus grand et agissez dix fois plus.

7. Renforcez votre muscle à idées : vous l'aurez compris, on parle de votre cerveau. Posez-vous une problématique au hasard. N'importe laquelle. Trouvez ensuite cinq idées pour y répondre. Même si les idées trouvées vous paraissent farfelues, notez-les. Faites cela chaque jour, sans y passer plus de dix minutes.

8. Mettez en pratique ce que vous lisez : pour Chris Clarke, nous ne devrions lire un nouvel article ou un nouveau livre qu'après avoir mis en pratique ce nous avons appris du dernier. Une méthode efficace pour assimiler ce que vous lisez et l'ancrer dans votre mémoire – et une habitude particulièrement valable pour la série des 7 Techniques !

9. Écrivez 10 idées par jour : sur une feuille, écrivez dix idées de business, livres ou émissions que vous pourriez créer. James Altucher le fait depuis 2002. Selon lui, cette habitude permet chaque jour de stimuler votre créativité. Cela a même permis à James de rencontrer de grands entrepreneurs, après leur avoir suggéré certaines de ses idées. Selon lui, cette habitude a changé sa vie !

10. Acceptez que vous ne puissiez pas tout contrôler : dans la vie, il y a des choses que l'on contrôle, d'autres pas. Plus vous vous focaliserez sur ce que vous ne décidez pas, moins vous avancerez dans vos projets. Vous aviez l'idée de sortir un concept innovant. Trois jours avant sa sortie, quelqu'un a eu la même idée que vous et sort ce même concept.

11. Qu'allez-vous faire ? Vous décomposer par l'arrivée inattendue de ce concurrent ? Non. Vous devez accepter que cela fasse partie de ce que vous ne pouvez contrôler. Focalisez-vous plutôt sur ce que vous allez ajouter à votre concept pour le rendre unique.

12. Considérez autrement l'échec : pour Sophia Amoruso, comme pour beaucoup d'autres, l'échec n'est pas un échec. La femme d'affaires a vu en chacun d'eux l'opportunité d'essayer de nouvelles choses. Les actes de malveillance de ses concurrents, les conflits entre vendeurs et autres délations auraient pu pousser Sophia à tout arrêter. Mais elle a fait tout le contraire.

13. Voyez le positif en chaque situation : sans parler d'échec, vous pouvez vous retrouver dans des situations peu confortables, voire inquiétantes. Vous n'en serez que plus fort. La pensée positive, très utilisée par Tony Robbins et Sophia Amoruso, peut faire ressortir le meilleur de vous-même dans

la pire situation. Cherchez toujours la lueur dans l'obscurité.

14. Scénarisez votre peur en 4 étapes : elles vous feront automatiquement relativiser.

- Étape 1 : imaginez la pire chose qui puisse arriver : quel serait le pire des cas ? Dans quelle situation seriez-vous si vous échouiez ? Que pourriez-vous faire pour y remédier à court ou long terme ?

- Étape 2 : évaluez les probabilités : sur une échelle de 1 à 10, quelles sont les chances d'arriver à cette situation critique ? Quelles sont les chances d'une réussite, même moyenne ?

- Étape 3 : comparez vos possibilités. Vous n'agissez pas : qu'est-ce que cela vous coûte moralement, où cela vous projette-t-il dans deux, cinq, dix ans ? Qu'en est-il si vous agissez ?

- Étape 4 : passez à l'action : vous verrez souvent que l'inaction vous coûte bien plus que l'action. Le regret est bien plus lourd que l'échec.

15. Appliquez la règle de la tâche unique : il s'agit de se concentrer sur une seule tâche à la fois. S'éparpiller n'a jamais rien donné de productif. Lorsque vous faites quelque chose, ne faites que ça. Lorsque vous

achevez cette tâche, n'y revenez pas si vous êtes passé à la suivante.

16. Planifiez votre journée la veille : vous perdrez bien moins de temps si vous démarrez votre journée en sachant quoi faire et à quel moment le faire. Vous vous coucherez également satisfait d'avoir programmé votre journée, prêt à laisser derrière vous celle qui s'achève.

17. Programmez votre délestage : Timothy Ferriss pense que nous devrions programmer nos temps de repos. Ce n'est pas vos clients ou vos collaborateurs qui vous diront de prendre du temps pour vous. Intégrez-le donc dans votre planning.

18. Accordez-vous du temps ouvert : Marc Andreessen a dit : « C'est comme ces scènes de films classiques, quand il y a une crise énorme et que quelqu'un appelle sa secrétaire en criant « Annulez mon emploi du temps ! » ». Eh bien, vous n'auriez peut-être pas besoin de rejouer la scène si vous disposiez d'une certaine flexibilité dans votre agenda. Vous l'aurez compris, le temps ouvert correspond à la flexibilité de votre planning.

19. Préparez vos repas à l'avance : à première vue, rien à voir avec la productivité. Mais en vérité, vous y gagnerez beaucoup de temps. Que vous cuisiniez pour une ou trois portions ne changera pas grand-chose. Rajoutez donc de la quantité afin de préparer les déjeuners du mardi et mercredi par exemple.

20.	Cessez de viser la perfection : n'attendez pas d'avoir toutes les compétences pour vous lancer, ou que votre application soit parfaite pour commercialiser votre offre. Lancez-vous et apportez les améliorations au fur et à mesure. Rien n'est figé !

21. Respectez vos délais : que ce soit pour vous ou une tierce personne. Vous ne pouvez pas être crédible si vous ne respectez pas vos échéances. Un délai plus long assumé vaut mieux qu'un délai plus court rallongé.

22.	Commencez par la tâche la plus complexe : vous êtes frais et plein d'énergie en début de journée : c'est le moment idéal pour accomplir la tâche la plus complexe. Vous pourrez ainsi continuer votre journée sans y penser.

23.	N'attendez pas d'occasion pour vous donner à fond : selon Joe De Sena, un « jour J » serait ce qui nous pousse à aller au maximum de nos capacités. Le fondateur de Spartan estime que ce jour J devrait être chaque jour de l'année. Alors, foncez !

24.	Traquez l'énergie : vous connaissez peut-être Anthony Robbins. Si ce n'est pas le cas, faites quelques recherches et vous verrez que sa réussite est principalement fondée sur l'énergie qu'il dégage. Soyez sans cesse en quête de votre énergie, peu importe le moment de la journée : elle est votre carburant.

25.	Appliquez la Loi des catégories : les concurrents de votre catégorie de produits vous gênent ? Créez donc une nouvelle catégorie dans laquelle vous n'aurez pas de concurrents. Même lorsque de nouveaux entrants arriveront dans votre catégorie, vous serez leader. C'est ce qui a fait le succès de nombreuses entreprises célèbres aujourd'hui.

26.   Cessez d'attendre la motivation pour agir : certaines tâches sont bien moins agréables que d'autres. N'attendez surtout pas d'être motivé pour les exécuter, ou vous tomberiez dans la procrastination. Et la procrastination ne rime en rien avec la productivité. Faites votre tâche sans vous poser de questions, sans la juger intéressante ou inintéressante.

27.   Pratiquez le Fast Bad Rong : très pratique pour générer des idées en peu de temps. Vous déclenchez votre chronomètre pour dix à quinze minutes, puis vous dessinez ou écrivez. Le but n'est pas de faire quelque chose de parfait, ni même de correct. Le FBR permet de débloquer votre créativité.

28.   Automatisez certaines tâches : dans une perspective de gain de temps, automatisez les tâches longues et répétitives. De nombreux outils existent pour automatiser par exemple votre marketing sur les réseaux sociaux ou vos compagnes d'e-mailing.

29.   Faites une do to list : essentielle pour une organisation optimale. Soyez tout de même raisonnable quant à la quantité de tâches à accomplir dans votre journée.

30.   Faites une won't do list : cela peut vous surprendre. C'est pourtant ce que fait le patron de Twitter et Square, Jack Dorsey. Aussi important que la to do, la won't do « offre un espace plus clair pour penser et travailler » selon lui.

31. Confrontez vos projets à leurs faiblesses : essayez systématiquement de contrer votre projet. Supposez qu'il appartient à votre concurrent et trouvez-lui tous les défauts possibles. Vous parviendrez ainsi à mieux anticiper les points d'amélioration.

32.   Guidez vos actions selon votre objectif : chaque point de votre plan d'action doit répondre partiellement à votre objectif. Si une action ne vous aide en rien à atteindre vote but final, ne l'entreprenez pas.

33.   Pensez à vos problèmes de vie à un moment précis de la journée : ce moment est fait pour vous inquiéter. Songez aux problèmes que vous pouvez contrôler, à leurs éventuelles solutions, et une fois ce moment terminé, reprenez vos activités sans y repenser.

34.   Appréciez la solitude : non, nous ne disons pas que vous devez devenir asocial. Mais apprécier vos moments seul vous permettra de faire mûrir votre créativité, de laisser vos pensées (positives bien sûr) errer dans votre cerveau. Chase Jarvis explique par exemple que chercher le calme et la solitude a fait naître ses meilleures idées en photographie.

35.   Séparez le processus de création et d'amélioration : chaque chose en son temps. Vous ne pouvez pas créer quelque chose tout en veillant à sa perfection, de même que vous ne pouvez pas entrer en phase d'amélioration si vous créez en même temps. C'est le conseil que Kevin Kelly vous donne pour une productivité efficace.

36.   Faites des pauses : après chaque tâche accomplie par exemple. Vous pouvez sinon opter pour la méthode 60/10, qui consiste à prendre dix minutes de pause après 60 minutes de travail. Les pauses sont importantes pour réoxygéner votre cerveau.

37.   Rangez votre espace de vie et de travail : un bureau rangé, c'est un cerveau ordonné. Mettez régulièrement de l'ordre dans vos dossiers, vos tiroirs ou autre espace de travail. Rangez aussi votre espace de vie pour travailler sereinement.

38.   Ordonnez vos dossiers numériques : au même titre que votre bureau ou salon, ranger vos dossiers numériques vous permettra non seulement de mettre de l'ordre dans votre travail, mais aussi dans votre tête.

39.   Arrêtez d'être la victime : focalisez-vous sur ce que vous pouvez faire, comme Amelia Boone lors de la World's Toughest Mudder en 2014. Ce mode de pensée l'a projeté en deuxième place parmi 1000 concurrents, dont 80 % d'hommes. Mais ce qu'il faut savoir, c'est que l'athlète avait subi une opération du genou huit semaines avant la compétition !

40.   Appliquez la règle des deux heures : c'est la durée maximale pour vous concentrer pleinement. Au-delà de deux heures, vous n'avez pas la même capacité de focalisation. Cette habitude est très pratiquée chez les entrepreneurs à succès.

41. Déléguez : Marc Andreessen et Jack Dorsey s'accordent sur le fait que la délégation est essentielle à la productivité, bien que ce ne soit pas toujours facile à mettre en place. Ce n'est pas Elon Musk qui dira le contraire, lui qui a fait un burn out notamment alimenté par son manque de délégation.

42.   Dépassez vos objectifs : vous deviez trouver 20 clients ? Trouvez-en 25. Vous deviez vendre pour 3000 € ? Vendez pour 4000. Voyez plus loin, cela vous permettra par la suite de faire évoluer vos objectifs.

43.   Soyez obsédé par vos clients, pas vos concurrents : gardez un œil sur la concurrence, mais attardez-vous surtout sur les besoins de votre cible. C'est ce qui fera votre succès, alors que tous vos concurrents sont occupés à se tirer dessus.

44.   Réécrivez votre plan personnel une fois par an : cette pratique, adoptée par Marc Andreessen, lui permet de voir ce qui a évolué, quels objectifs il a atteint, et pourquoi. C'est un peu votre état des lieux personnel. Grâce à lui, vous serez prêt à repartir sur de bonnes bases, et surtout, vous saurez quelle ligne suivre par rapport à ce que vous aviez mis en place.

45.   Écoutez une chanson en boucle pour vous concentrer : vous devez trouver cela… répétitif ? En vérité, cette méthode aide bon nombre de personnalités, comme Chris Fussell ou Sam Harris, à se concentrer.

46.   N'ayez pas peur de devoir tout recommencer : parfois, vous serez totalement à côté de votre objectif, et vous devrez reprendre votre projet de zéro. Ce n'est pas grave. Vous n'avez pas perdu votre temps, bien au contraire. L'expérience n'est jamais une perte de temps.

47.   Limitez le nombre de décisions à prendre par jour : les grosses prises de décision peuvent être génératrices de stress. Le stress nuisant à la productivité, n'hésitez pas à vous fixer une limite. Repousser votre prise de décision vaudra mieux que de la prendre sous le stress ou la pression. Cela fait partie des bonnes pratiques de Chade-Meng Tan.

48.   Assumez vos erreurs : parmi ses conseils, Kevin Kelly préconise de se responsabiliser. L'erreur est humaine. Inutile donc de trouver mille excuses pour vous dédouaner. Assumez vos erreurs et soyez proactif pour y remédier. Vous en ressortirez grandi.

49.   Créez votre univers : que vous passiez de longues heures à écrire, programmer ou même peindre, l'endroit dans lequel vous vous trouvez joue sur votre efficacité. Faites en sorte de modeler votre petit monde, en mettant des plantes, un tableau aimanté le long de votre mur, bref, tout ce

qui pourrait vous faire sentir bien dans votre espace de travail.

50.　　Think out of the box : sortez de vos sentiers battus. Suivez vos intuitions les plus extravagantes et creusez-les. En cherchant au-delà de votre zone de confort, vous progresserez sans cesse.

51. Avancez un peu chaque jour : Joe De Sena vous dira qu'il vaut mieux s'entraîner un peu chaque jour, qu'une fois par mois pendant des heures. Vous serez bien plus productif en étant régulier.

52.　　Ne concurrencez pas, dominez : lorsque vous êtes sur un marché concurrentiel, ne cherchez pas à faire mieux que vos concurrents. Cherchez à faire différemment. Prenez un autre chemin que le leur, et vous obtiendrez plus facilement la place de dominant.

53.　　Persévérez : une tentative, puis deux, cinq... quinze ! Peu importe le nombre de tentatives, allez jusqu'au bout. Abraham Lincoln a dû s'y reprendre à 23 fois pour devenir président des États-Unis ! Soyez tenace.

54.　　Mesurez chaque risque : créer son entreprise ou lancer un projet est souvent risqué. Mais cela ne veut pas dire que vous devez foncer tête baissée. Faites la liste de tous les risques possibles, et évaluez chacun d'eux sur une échelle de 1 à 5.

55.　　Déconnectez-vous : nous le savons, être joignable et pouvoir joindre à tout moment est un avantage... sauf en matière de productivité. Alors éteignez votre portable ou mettez-le en mode « avion » lorsque vous travaillez. Ne pas être interrompu vous permettra d'être plus efficace, notamment lorsque vous êtes en phase de créativité ou que vous effectuez une tâche laborieuse.

56.   Visualisez : passez cinq minutes en début de journée à fermer les yeux et visualiser votre vie idéale. Visualisez les aspects matériels, mais aussi spirituels. Quelles sont les expériences que vous aurez vécues ? Comment vous sentirez-vous ? La visualisation vous plongera dans un état de détermination absolue pour arriver à cette vie que vous désirez tant. Pour vivre réellement cette vie, commencez par la créer dans votre esprit.

57.   Planifiez votre temps selon vos loisirs : un entrepreneur a le droit d'avoir des loisirs. Sinon qu'est-ce que la vie ? Pour ne pas passer à côté, positionnez-les sur votre emploi du temps, et articulez votre journée selon vos loisirs. L'inverse ne vous laissera que très peu de marge.

58.   Soyez passionné : le point commun des leaders et autres entrepreneurs à succès est qu'ils ont mené leur projet avec passion. Cherchez la passion dans chaque phase de votre travail. Elle vous donnera la force et la détermination d'aller jusqu'au bout.

59.   Gardez vos habitudes même hors de chez vous : vous serez sûrement amené à vous déplacer, ou peut-être êtes-vous déjà un entrepreneur nomade. Peu importe où vous êtes, gardez ces habitudes qui vous aident à optimiser votre

productivité. Une fois les bonnes habitudes ancrées, vous serez invincible.

60.   Mangez sainement : on ne le répétera jamais assez, mais manger sainement est la base de votre bonne santé. La clé est d'éviter tout excès. Que ce soit l'alcool, les fast-foods, les sucreries, sodas... les excès sont nuisibles. Et vous n'êtes certainement pas aussi productif après un McDonald's qu'après une escalope de poulet et des légumes. Alors mangez de tout, raisonnablement.

61. Pratiquez une activité physique régulière : oui, cette phrase aussi est un poncif. Pourquoi ne pas essayer ? 30 minutes de renforcement musculaire par jour, le matin, suffisent. Si vous aimez le plein air, vous pouvez compléter votre activité avec une heure de footing deux fois par semaine. Courir vous permet de mettre de l'ordre dans vos idées et de laisser votre créativité mûrir dans votre esprit, même si vous n'en êtes pas conscient.

62.   Dormez entre sept et neuf heures : en vérité, les besoins en sommeil varient selon les individus. Mais en moyenne, la durée idéale de votre nuit est de huit heures. Vous ne ressentirez peut-être pas de fatigue si vous dormez cinq heures, mais à long terme, vous serez bien moins productif à cause de l'apparition du « coup de barre » au cours de la journée. Quant aux nuits trop longues, elles vous rendront tout aussi fatigué.

63.   Levez-vous au moins une heure avant d'être devant un écran : ne commencez pas votre journée directement sur votre écran. Prenez au minimum

une heure pour exercer votre rituel du matin. Nous en parlerons plus bas. De cette façon, vous vous épargnez les maux de tête ou autre fatigue prématurée de la journée.

64. Coupez vos écrans 30 minutes à une heure avant de dormir : les lumières bleues sont nocives pour le sommeil. Elles vous maintiennent éveillé, car elles émettent au cerveau le même message que la lumière du jour. Coupez-vous des écrans au moins 30 minutes avant de vous coucher pour vous endormir plus rapidement.

65. Suivez le low carb diet : ce régime consiste à manger principalement des aliments pauvres en glucides, c'est-à-dire des féculents comme le riz, les pâtes ou le pain. Manger des légumes, de la viande, du poisson vous permettra de vous sentir plus léger après vos repas, et donc plus productif. Parlez-en néanmoins à votre médecin au préalable !

66. Marchez quinze minutes par jour : que ce soit pour vous rendre à votre travail ou simplement vous promener, marcher minimum un quart d'heure par jour rafraichit votre esprit et votre corps, tout en stimulant votre imagination. Charles Darwin se promenait deux fois dans la journée, tout comme Steve Jobs et Tory Bursh.

67. Prenez un bain glacé : Tony Robbins en est fan, comme bien d'autres leaders. Les bains glacés aident non seulement à la récupération physique après une activité sportive, mais ils sont aussi une « claque d'énergie » qui vous revigorera. Si vous

n'avez pas de baignoire, une douche glacée procure le même effet.

68.   Faites un sauna : aussi régulièrement que vous le pouvez. Le sauna est excellent pour le stress, car il va permettre au corps de libérer des endorphines qui vont vous détendre. Le sauna va également stimuler la circulation sanguine et donc contribuer au bon fonctionnement de votre système cardio-vasculaire. Trois fois par semaine, passez quinze minutes dans un sauna, puis enchaînez avec le bain glacé dont nous venons de parler. Énergie et tonification de la peau assurées !

69.   Faites du yoga chaud : pratiqué par de nombreux sportifs connus pour optimiser leurs performances, faire du yoga dans un endroit chauffé à 40 °C procure de nombreux bienfaits. Cela vous soulagera par exemple des tensions physiques dues au travail de bureau, augmentera votre capacité de concentration et contribuera à prévenir les maux de tête, l'insomnie et le stress.

70.   Faites du stretching : prenez l'habitude de vous étirer, avant de dormir ou simplement après votre journée. Étirer votre colonne vertébrale est important pour que vous vous sentiez bien au quotidien, que vous soyez assis ou debout. Il existe de nombreux programmes de stretching qui ne vous prendront que quelques minutes.

71. Portez de l'attention à la source de vos aliments : les bonnes pratiques de bien-être concernent également la provenance de vos aliments. Gaby Reece et Laird Hamilton expliquent par exemple

qu'ils ne consomment que des aliments complets, de provenance naturelle. Consommez moins, mais consommez mieux. Ces aliments frais apporteront toute l'énergie nécessaire à votre corps. Et ce sont deux sportifs professionnels qui vous le disent !

72. Hydratez-vous régulièrement : votre corps est composé à 60 % d'eau. Vous ne serez donc pas étonné de devoir boire au moins deux litres par jour. L'eau alimente votre corps, mais aussi votre cerveau. Buvez donc très régulièrement. Des reminders existent pour vous rappeler de boire vos verres d'eau durant la journée.

73. Jeûnez : sans pour autant adopter le régime de Jack Dorsey (qui ne prend qu'un repas par jour en semaine et rien le week-end), un jour de jeûne dans la semaine est bon pour votre corps, sauf si vous souffrez de carences bien sûr. Jeûner vous permet d'exercer une sorte de « détox » de votre organisme. Jack Dorsey rappelle d'ailleurs que ne pas manger fait gagner beaucoup de temps dans la journée. Évidemment, ne jeûnez pas pour cette simple raison, et consultez un médecin avant toute décision importante concernant votre santé.

74. Faites des siestes : non, les siestes ne sont pas réservées aux feignants. Il a même été prouvé qu'elles aident à être plus productif. Ronald Reagan et Arnold Schwarzenegger faisaient des siestes chaque après-midi. Bill Clinton dormait entre quinze et 60 minutes par jour. Les siestes sont par ailleurs bénéfiques pour prendre du recul

sur une situation délicate et faire ses choix à tête reposée.

Chapitre 2 : Quoi faire de sa liberté financière ?

Lorsqu'on goûte à la liberté financière, ce qui plait le plus est la liberté d'action : on est maître de son agenda à 100 %. On organise ses journées comme bon nous semble, autant sur le plan privé et professionnel ne sont plus 2 mondes étanches. On peut décider de travailler 3 h et s'accorder une pause de 1 h en plein travail pour faire du sport. On peut aller prendre un café à 10 h avec une amie sans culpabilité.

La journée est donc parsemée de petits moments savoureux qui prennent tout leur relief. On est son propre et seul Chef. Plus de comptes à rendre, plus de patron, plus de justifications à apporter, plus de supérieur…Une tranquillité d'esprit, une liberté qui n'a pas de prix et qu'on savoure pleinement. Adieu patron !

Pas d'horaires imposés. Quel bonheur de ne pas avoir à mettre son réveil tous les matins ! De choisir soi-même l'heure à laquelle on se lève, de vivre en accord avec son propre rythme.

Ce qu'on transmet réellement aux autres

On dit que ce que l'on transmet à la prochaine génération est la meilleure façon d'évaluer la façon dont on a vécu sa vie. Et bien que nous reconnaissions l'importance de planifier en vue de la retraite et de préparer la transmission de notre patrimoine à nos êtres chers, il nous semble parfois qu'il serait plus gratifiant et satisfaisant que ce transfert se produise plus tôt – de notre vivant. Nous pourrions ainsi être témoins de la joie et de la sécurité que nous procurons à ceux que nous aimons.

Donner plus tôt

Pour la plupart des gens, la gratification ressentie à la vue d'êtres chers qui profitent du fruit du labeur de toute une vie est la principale raison de donner plus tôt. Or, il pourrait y avoir des avantages plus concrets au fait de donner de son vivant : La possibilité de réduire les impôts et les frais

La simplification de votre succession future ou la réduction de sa taille, ce qui pourrait contribuer à réduire ou à éliminer le fardeau de la gestion des actifs par d'autres personnes ultérieurement (surtout en ce qui concerne les biens immobiliers et les autres placements). La remise d'un héritage hâtif à la prochaine génération, afin qu'elle puisse démarrer une entreprise ou investir dès maintenant de façon à faire croître davantage la taille de votre don dans l'avenir. La possibilité d'éviter l'impôt sur l'administration des successions (aussi appelé frais de vérification de testament ou frais d'homologation) et d'assurer la confidentialité de vos renseignements. La réduction de possibilité de conflits familiaux liés à votre succession après votre décès. À votre décès, la Loi de l'impôt sur le revenu considère que vous avez disposé de toutes vos possessions matérielles. Par conséquent, votre succession ou vos héritiers peuvent être imposés sur tout revenu gagné ou tout gain accumulé sur vos actifs pendant l'année de votre décès. Ce fardeau fiscal soudain peut être considérable pour toute succession appréciable, car l'impôt à payer est alors bien souvent calculé au taux marginal d'imposition le plus élevé. Il peut aussi y avoir des dépenses supplémentaires et imprévues, comme les honoraires du liquidateur / de l'exécuteur, des frais comptables et des frais juridiques. Heureusement, une bonne planification fiscale peut permettre à vos héritiers d'éviter certains de ces frais afin de recevoir la plus grande part possible des dons. Lorsque les actifs se retrouvent entre les mains des héritiers (généralement les enfants ou les petits-enfants de plus de 18 ans), c'est à eux qu'incombe l'impôt sur la croissance future des actifs et le taux marginal d'imposition est habituellement moins élevé. Les économies d'impôts ainsi réalisées peuvent être considérables pour les héritiers si l'héritage est substantiel. Bien entendu, dans le cas des nouveaux diplômés ou des propriétaires de maison, votre héritage peut servir à réduire les dettes plutôt qu'à obtenir un revenu qui donnera lieu à un impôt exigible, ce qui améliorerait néanmoins leur situation financière.

Le bonheur ne découle pas de ce que l'on reçoit, mais bien de ce que l'on donne

L'un des principaux avantages de transmettre votre patrimoine avant votre décès, c'est que vos actifs profiteront davantage aux membres de votre famille et à vos amis pendant qu'ils sont jeunes et en bonne santé. Vous pourrez alors être témoin de votre vivant des changements et des améliorations que votre don opérera sur leur vie. Le revers de la médaille, toutefois, c'est que vous disposerez d'actifs moins importants pour votre retraite et le reste de votre vie. C'est ce qui explique pourquoi et en quoi la planification est essentielle : vous devez veiller à ne pas avoir besoin de ces actifs pour assurer votre subsistance et jouir du style de vie auquel vous aspirez.

Conclusion

Enfin, je vous exprime ma profonde gratitude. Votre précieux temps et votre engagement à parcourir ces pages ont été des témoignages de soutien qui me touchent sincèrement. À travers cette œuvre, j'ai cherché à partager mon expérience de manière accessible, une transmission qui n'aurait pu voir le jour sans les messages empreints de reconnaissance que j'ai reçus. Vos retours ont été le moteur de ce livre, en éclairant les sujets que vous souhaitiez voir abordés.

Ce livre incarne pour moi la possibilité de partager les enseignements tirés de mes expériences concrètes. Ayant ouvert les pages de ma propre transformation, je forme le vœu que vous puissiez également réaliser vos aspirations. Votre avis franc partagé sur Amazon serait pour moi d'une grande valeur. Non pas pour satisfaire mon ego, mais pour orienter l'enrichissement continu de cette œuvre. Elle est destinée à évoluer dans le temps, grâce à mes mises à jour régulières, dans le but premier d'apporter aide et guidance à ceux qui aspirent à une liberté financière.

En refermant ce livre, je vous encourage à entreprendre vos investissements avec confiance. Prenez soin de vos finances, elles sauront vous rendre cette attention tout au long de votre vie. Mes formations, approches pratiques et conseils concrets restent à votre disposition pour vous accompagner plus avant, que ce soit dans la gestion de vos finances, l'investissement immobilier ou boursier. Je vous souhaite à présent de fructueux investissements et une relation épanouissante avec votre compte bancaire. Merci encore et peut-être à bientôt pour de nouvelles découvertes ensemble.